Carreira sem atalhos

Uma conversa sobre carreira com aqueles que estão (re)começando a vida profissional

PATRICK PEDREIRA SILVA

PATRICK PEDREIRA SILVA

Copyright © 2018 Patrick Pedreira Silva

Todos os direitos reservados.

CONTEÚDO

INTRODUÇÃO 1

1. O AUTOCONHECIMENTO PROFISSIONAL 3

    QUEM É VOCÊ? 3

    CARREIRA: VOCÊ É FELIZ? 4

    SEUS SONHOS SÃO REALMENTE SEUS? 7

    SEU TRABALHO É UMA FONTE DE SOFRIMENTO? 8

    QUAL É SUA PROFISSÃO? 10

    PROPÓSITO PROFISSIONAL: QUAL É O SEU? 12

2. MUITO ALÉM DA COMPETÊNCIA TÉCNICA: A NECESSIDADE DA MOTIVAÇÃO 14

    AUTOMOTIVAÇÃO: PONTO DE PARTIDA 14

    MOTIVAÇÃO NA CARREIRA PROFISSIONAL E NA VIDA PESSOAL 17

    TUDO É UMA QUESTÃO DE QUERER E FAZER ACONTECER 20

3. GESTÃO DA CARREIRA E CONSTRUÇÃO DA IMAGEM PROFISSIONAL 23

O (RE)COMEÇO DA VIDA PROFISSIONAL 23

    QUANDO CHEGA A HORA DA DECISÃO 23

    GESTÃO DE CARREIRA PARA OS FUTUROS PROFISSIONAIS 25

DESTACANDO-SE PROFISSIONALMENTE 29

COMO SER UM PROFISSIONAL MAIS ATRAENTE COM A AJUDA DA CIÊNCIA DA PERSUASÃO..29

AMADORISMO X PROFISSIONALISMO 31

A INSPIRAÇÃO DA MOLÉCULA DE ÁGUA 34

ESCAPE DO CULTO DA MÉDIA...37

BARREIRAS QUE PODEM ATRAPALHAR SUA CARREIRA 39

OITO ERROS QUE MANTÊM VOCÊ ESTAGNADO NA SUA CARREIRA..39

CINCO ERROS QUE COMETEMOS EM BUSCA DE EMPREGOS OU MELHORES OPORTUNIDADES..................41

POR QUE VOCÊ SE SENTE OCUPADO O TEMPO TODO? (QUANDO NÃO ESTÁ REALMENTE).....................................44

AS REDES SOCIAIS E A CARREIRA PROFISSIONAL 47

O QUE AS EMPRESAS ANDAM PESQUISANDO SOBRE VOCÊ NAS REDES SOCIAIS...47

COMO SEU PERFIL EM REDES SOCIAIS PODE TE AJUDAR OU ATRAPALHAR...49

COMO TORNAR O SEU PERFIL MAIS INTERESSANTE NAS REDES SOCIAIS..50

ESTRATÉGIAS PARA ESCREVER ARTIGOS E GERAR AUTORIDADE..51

EDUCAÇÃO, FORMAÇÃO E HABILIDADES PROFISSIONAIS................56

SUSTENTABILIDADE, EDUCAÇÃO E FORMAÇÃO PROFISSIONAL 56

TÍTULOS NÃO VALEM NADA 57

O DIPLOMA MORREU. SERÁ MESMO? 59

POR QUE HARVARD ESTÁ ENSINANDO NO MBA TEMAS COMO INTELIGÊNCIA ARTIFICIAL E APRENDIZAGEM PROFUNDA? 62

TODOS OS PROFISSIONAIS DEVERIAM APRENDER PROGRAMAÇÃO DE COMPUTADORES 63

CONEXÕES E ENGAJAMENTO 66

O PODER DAS CONEXÕES ESTRATÉGICAS E DE ALTO VALOR 66

A IMPORTÂNCIA DE RETER E MONETIZAR ENGAJAMENTO NO MUNDO PROFISSIONAL 72

POR QUE VOCÊ DEVERIA SE CONECTAR A PROFISSIONAIS DE OUTRAS ÁREAS? 74

CONHECIMENTO E CRESCIMENTO PROFISSIONAL E PESSOAL 77

PARA SE DESTACAR NINGUÉM PRECISA SER UM GÊNIO .77

COMO ESTUDAR E APRENDER MAIS E MELHOR 79

O ESTUDO E OS DIFERENTES NÍVEIS DE APRENDIZADO 83

COMO SER MAIS PRODUTIVO NA HORA DE ESTUDAR E EM OUTRAS ATIVIDADES 85

4. NÃO HÁ PRESENTE MELHOR QUE O BOM CONSELHO .89

A ARTE DE APRENDER COM OS ERROS 89

A IMPORTÂNCIA DE ENXERGAR O OUTRO LADO DA MOEDA 91

VIDA PROFISSIONAL: É PRECISO NAVEGAR EM ÁGUAS TURBULENTAS 92

CONSELHOS DE UM PROFESSOR PARA OS FUTUROS PROFISSIONAIS 93

CONHECIMENTO É SEU MAIOR PATRIMÔNIO 96

O QUE EU APRENDI COM MEUS PAIS 98

O MITO DO "EU SOU RUIM EM ALGO": TUDO É QUESTÃO DE TRABALHO DURO, PREPARAÇÃO E AUTOCONFIANÇA 101

5. MUNDO MODERNO, TECNOLOGIAS E PROFISSÕES 104

QUANDO A TECNOLOGIA VAI AFETAR O SEU NEGÓCIO E O SEU EMPREGO? 104

PROFISSÕES AMEAÇADAS PELA TECNOLOGIA E A NECESSIDADE DE NOS REINVENTARMOS 106

EMPREGOS: COMO AS MÁQUINAS PODEM IMPACTAR O FUTURO DO TRABALHO 108

COMO A INTERNET DE TODAS AS COISAS IRÁ IMPACTAR O SEU EMPREGO 110

COMO RECRUTADORES ROBÔS PODERÃO AFETAR SUAS PERSPECTIVAS DE EMPREGO 113

INTELIGÊNCIA ARTIFICIAL: OS RISCOS PARA OS EMPREGOS EXISTEM PARA AQUELES QUE NÃO SOUBEREM SE ADAPTAR 115

OS ROBÔS ESTÃO CHEGANDO E ELES TÊM UM MONTE DE POSTOS DE TRABALHO PARA NÓS 118

AS PRINCIPAIS HABILIDADES QUE VÃO GARANTIR O SEU EMPREGO NOS PRÓXIMOS 20 ANOS 119

INTRODUÇÃO

Um estudo realizado pelo site Love Mondays (em 2015) analisou a percepção de 36 mil trabalhadores a respeito de cinco aspectos da vida profissional: salário e benefícios, oportunidade de crescimento na carreira, cultura corporativa, qualidade de vida e satisfação geral com o emprego. O intuito foi tentar estabelecer um grau de felicidade profissional. Uma observação que pode ser feita é que, de acordo com a pesquisa, os quesitos mais mal avaliados referem-se às oportunidades na carreira e aos salários.

Outra pesquisa bem interessante relacionada à satisfação profissional foi realizada pela Universum. O relatório da pesquisa "Global Workforce Happiness Index" criou um índice que leva em conta três aspectos: satisfação, disposição dos funcionários para recomendar o empregador atual e a probabilidade de mudança de emprego num futuro próximo. Considerando esses aspectos os 10 países que têm os funcionários mais felizes com relação ao emprego são, respectivamente: Bélgica, Noruega, Costa Rica, Dinamarca, África do Sul, Áustria, Suíça, Grécia, República Checa e Rússia.

A pesquisa também incluía o chamado "quadrante da felicidade" e traz os resultados referentes à alguns países, incluindo o Brasil. Os brasileiros estão situados no quadrante de "funcionário satisfeito, positivo com relação ao empregador atual e sem vontade de trocar de emprego."

Entretanto, cabe destacar que, especificamente no caso do Brasil, até por conta do atual cenário econômico esta aparente satisfação pode estar relacionada com outro sentimento - o alívio de se sentir privilegiado por estar empregado. Com a crise, estão acontecendo muitas demissões em variados setores e níveis hierárquicos. Quem está empregado tende a valorizar mais a sua situação.

Contudo, ter um emprego que possa trazer recompensas que vão muito além da questão financeira sempre foi um sonho para muitos profissionais. E mais do que isso, acredito ser um direito de todos os trabalhadores. Afinal, ser feliz também no trabalho parece ganhar cada vez mais importância.

    Este livro traz uma série de percepções e reflexões pessoais sob a ótica de quem trabalha diretamente com a formação de profissionais das mais diversas áreas. Não se trata de verdades universais e nem de conselhos infalíveis ou ideias mirabolantes. Eu definiria como um convite para a reflexão sobre quem somos nós enquanto profissionais, o que desejamos e como cuidamos das nossas carreiras. E para começar eu proponho pensarmos em uma questão que dá o título ao primeiro capítulo deste livro "o autoconhecimento profissional".

1. O AUTOCONHECIMENTO PROFISSIONAL

QUEM É VOCÊ?

Em certa oportunidade, batendo um papo com alguns alunos e também observando o que eles diziam, me coloquei no lugar deles e isso me fez lembrar que outro dia também já tive os mesmos sonhos e expectativas de uma vida que está apenas começando.

Aqueles jovens ali na sala de aula, estão a todo o momento buscando entender muito mais que conteúdos técnicos ou coisas da vida acadêmica. Eles estão ali para entender o que há de mais fascinante e misterioso: entender a si mesmos. É como se eles estivessem o tempo todo querendo entender "quem são eles", do ponto de vista pessoal e profissional. E toda essa conversa e observação me levou a uma reflexão.

Acredito que todas as pessoas se fazem essa pergunta algumas vezes na vida: quem sou eu? E é interessante como a resposta varia de acordo com a fase em que estamos.

Aos 20 anos o "quem sou eu" traz consigo uma carga de sonhos, de expectativas, significando na verdade muito mais "o que eu quero ser". Juventude, sonhos, descobertas, decisões intempestivas ajudarão a moldar e a definir naquele momento quem você se tornará.

A nossa cabeça ainda jovem nos faz sonhar demais, acreditar demais, enveredar por caminhos que são muito mais tortuosos do que sequer imaginamos. Os pés ainda não estão no chão, não existe um terreno sólido o suficiente para saber exatamente quanto de impulso você tem condições de dar para saber o quão alto você pode ir. Mas é justamente essa falta de parâmetros ainda bem conhecidos que te faz ganhar força e experiência para os caminhos reais da vida.

Aos trinta anos, ao repetir essa pergunta você se dá conta de que aquela pessoa que você imaginava se tornar não é exatamente quem você se tornou. Daí percebe que a vida não é uma ciência exata onde metas são colocadas e cumpridas sequencialmente e executadas fielmente.

O "quem sou eu" agora ganha ares de "quem de fato eu posso ser", considerando expectativas muito mais plausíveis, convicções e conceitos já enraizados, preconceitos bobos deixados para trás e, principalmente, a certeza de estar pisando em um solo firme que te dará confiança para uma caminhada segura e consistente.

Ao quarenta anos ou mais "o quem sou eu" parece ter muito mais sentido, seu eu é como a água que deixou para trás o estado líquido e foi, pouco a pouco, se moldando e transformando em gelo. Gelo que agora finalmente conhece a sua forma e, sobretudo, suas limitações. Transformar-se agora já não é tão fácil quanto antes. O gelo pode sim moldar-se a outras formas mas, de modo análogo a um processo feito com sabedoria, o faz devagar voltando aos poucos ao estado líquido dentro do que é possível.

E por que falar disso é importante? Porque conhecer a si mesmo extrapola os limites da vida pessoal, com reflexos diretos também na sua vida profissional. Conhecer a si mesmo possibilita compreender se aquele emprego ou função pode te fazer feliz; se seu ambiente de trabalho é adequado às suas aspirações; se a missão da empresa coincide com aquilo que você prega e acredita. Afinal de contas, as coisas não estão dissociadas, não é só o seu emprego, é a sua vida e o que você quer para ela e, principalmente, quem você quer ser.

CARREIRA: VOCÊ É FELIZ?

Tem uma imagem com uma mensagem bem interessante que, provavelmente, você já tenha visto circular na internet e que diz: "o problema não é a segunda-feira, o problema é a sua vida". E ela nos leva a boas reflexões.

Em algumas fases da vida precisamos tomar uma decisão sobre que carreira/emprego devemos escolher e isso não é tão simples. Seja porque você é um jovem começando sua vida profissional ou uma pessoa mais experiente que já teve outros empregos e não se sente feliz, ou ainda que esteja desempregado e a vida lhe impôs a necessidade de mudar completamente sua carreira. Não importam os motivos, mas todos nós já passamos ou iremos passar por isso em algum momento da vida.

Por trabalhar com muitos jovens em sala de aula um conselho que sempre dou e procuro levar para minha vida é: precisamos ser felizes em nossas carreiras. Claro que nem sempre isso será possível, em alguns momentos trabalharemos apenas pela questão salarial mas, ainda assim, precisamos refletir e procurar tornar o nosso trabalho algo prazeroso. A vida já é muito difícil para vivermos ainda mais frustrações.

E para refletir sobre essa questão devemos nos conhecer, saber o que temos a oferecer e quais são as nossas expectativas. A primeira coisa que devemos ter em mente é que é improvável encontrar um emprego que nos torne plenamente felizes em todas as atividades que venhamos a desenvolver. É impossível? Não, não é! Mas é bom ter isso em mente para evitarmos frustrações ou criarmos expectativas idealizadas.

Inevitavelmente, para se sentir realizado profissionalmente você precisará escolher uma carreira que te traga mais momentos de satisfação do que o contrário. Se ir para o seu trabalho se torna um martírio é preciso, realmente, verificar se tudo está valendo à pena.

E tudo passa por uma decisão pessoal e mais do que isso, do conhecimento mais profundo sobre você mesmo. É importante ter uma ideia sobre seus interesses, suas habilidades e motivações. Desta forma, será muito mais fácil identificar qual direção seguir e para onde seus esforços devem ser direcionados.

Uma autoavaliação é o primeiro passo para se conhecer, identificando suas habilidades e aquilo que você pretende divulgar para os outros e para as empresas no seu currículo. Algumas perguntas que precisam ser respondidas:

1. Quem sou eu?
2. O que eu gosto de fazer?
3. Em que atividades eu sou bom?
4. O que espero de um emprego e da minha carreira?
5. O que devo evitar?
6. Em quais atividades eu não sou bom?
7. Que tipo de pessoas e empresas quero atrair para minha vida profissional?
8. Como posso fortalecer o que já tenho de bom e aprimorar aquilo que não sei fazer tão bem?

Precisamos nos conhecer em todas as dimensões porque somos seres complexos e tomar decisões (boas) na vida não é nada fácil. A seguir são destacados vários aspectos que devem ser levados em consideração neste processo de reflexão profissional.

Faça uma análise das suas habilidades e competências. O que você gosta de fazer? Quais atividades você sabe executar bem? Olhe para os diferentes aspectos da sua vida, suas experiências profissionais, atividades voluntárias. Pense nas suas habilidades específicas, como por exemplo, falar outros idiomas, ser criativo, gostar de gerenciar, ser proativo, fazer trabalhos mais manuais, ensinar, etc. Amigos e familiares também podem ajudá-lo, elencando aquelas habilidades que eles percebem em você.

Leve em conta os seus interesses pessoais. Quais atividades que te atraem e te motivam? Por quais assuntos específicos você se interessa? É possível aliar essas atividades e interesses à sua carreira? Por exemplo, uma pessoa que adora e sabe cozinhar, com certeza, estará bem feliz num restaurante. Um professor se realiza em sala de aula compartilhando conhecimentos.

E por falar em conhecimento este é outro aspecto a ser analisado. Que tipo de conhecimento você adquiriu via educação ou mesmo por meio de outros empregos ou pessoas? Das coisas que você conhece tem algo específico que você gostaria de usar? Existem ofertas de emprego que te dariam oportunidade de usar esse conhecimento? Quais empresas lidam com esse conhecimento? É muito mais fácil executar com competência aquilo que conhecemos bem.

Fatores internos tais como motivações e valores também são importantes. Parte das nossas escolhas profissionais é feita com base em fatores internos que estão intimamente ligados a nossos valores e motivações.

O que te motiva? Algumas pessoas são motivadas por recompensas financeiras ou mesmo pelo status que a profissão oferece (e não há nada de errado nisso). Alguns se sentem motivados por recompensas intelectuais, outros por satisfazer outras pessoas, etc. Qual é o seu propósito? Seja realista nesta análise e trace as estratégias que permitirão você alcançar seus objetivos profissionais.

Não somente as coisas positivas devem ser levadas em conta. Trabalhe também com seus pontos fracos. Da mesma forma que é importante conhecer as nossas fortalezas (aquilo que fazemos bem) é importante conhecer quais são nossos pontos fracos. Conhecer as nossas fraquezas é fundamental para atacá-las e nos tornarmos profissionais melhores. Lembre-se que pontos fracos podem impedi-lo de avançar na direção que você deseja.

Nossas experiências de vida, nossa personalidade e preferências pessoais exercem influência sobre o ambiente de trabalho e/ou atividades que estamos buscando e que nos trará realização. Você prefere trabalhar em equipe ou individualmente? É propenso a receber ordens ou prefere ser quem manda? Prefere ambientes formais ou mais descontraídos? Que tipo de cultura organizacional é uma boa opção para você? Se você é alguém que curte liberdade total, passar o dia preso dentro de um escritório e atrás de uma mesa será algo bastante frustrante.

Existem fatores externos que podem influenciar mais ou menos diretamente a carreira que você pretende seguir e não dá para ignorá-los. Por exemplo, aspectos econômicos, negócios específicos de certas regiões geográficas, empregos que exijam viagens constantes e períodos longe da família. O importante é estar ciente de tudo para evitar futuras frustrações.

Esses são apenas alguns aspectos relevantes e que merecem a nossa reflexão. O importante é que busquemos tomar decisões conscientes e que estejam de acordo com as nossas expectativas. Não importa o tipo de emprego e sim se ele é o ideal para você. Claro, que diante de toda a dificuldade que país passa aliar emprego com satisfação nem sempre será possível.

E nestas situações devemos encarar o trabalho como uma oportunidade de crescimento pessoal, como uma experiência valiosa que servirá de preparação para um dia conquistarmos aquilo que realmente queremos. É possível ser feliz também no trabalho e disso não precisamos abrir mão.

SEUS SONHOS SÃO REALMENTE SEUS?

Uma das coisas que merecem atenção é como lidamos com as metas/sonhos do dia-a-dia. E isso tudo tem muito a ver com um possível estado de frustração pessoal e profissional.

Cumprir as nossas metas poderia significar realização pessoal e profissional e, consequentemente, implicar em uma vida mais feliz. Entretanto, o problema é quando as tais metas cumpridas não são nossas, não representam nossas escolhas, nossos sonhos, nossas ambições.

Às vezes sem perceber, ou mesmo por falta de escolha, estabelecemos como nossas metas aquilo que não é a nossa essência e desejo. Para exemplificar lido há mais de uma década com jovens que ingressam no tão sonhado ensino superior e que trilham um caminho no sentido inverso do que de fato deveria ser, em termos de realização pessoal.

Jovens músicos obrigados a se tornar engenheiros. Amantes da computação obrigados a estudar direito. Atores sendo obrigados a se tornar médicos... Uma pena mas é a realidade de muitos jovens.

Estar na faculdade é para poucos (infelizmente) e isso deveria gerar um sentimento de satisfação pessoal e felicidade, entretanto, vejo muito jovens frustrados realizando um sonho que não é deles. Muitas vezes é um sonho dos pais, dos parentes, da sociedade. Um sonho de todas as outras pessoas, mas não deles! Não dá para ser feliz somente realizando o sonho dos outros. E todos nós, provavelmente, já passamos por situações parecidas.

Vivemos em uma sociedade em que o cumprimento de metas faz parte da nossa vida pessoal e profissional. A realidade é essa, é verdade. O grande problema é quando focamos apenas nas metas/sonhos dos outros, deixando de lado as nossas. Sonhar e realizar o sonho dos outros não é a mesma coisa que realizar aquilo que te pertence e que faz parte da sua essência. Sonhos pessoais não podem ser terceirizados (a não ser em relações profissionais), pois corre o risco de gerar frustração para quem sonhou e para aqueles que o executaram.

Esse contexto me lembra o discurso realizado pelo pastor e ativista Martin Luther King que começava com a frase, "Eu tenho um sonho". E aquele discurso foi marcante e os resultados a partir daquele momento tiveram um impacto real, justamente, porque aquela luta contra a segregação racial nos Estados Unidos era uma sonho DELE. Aquele deve ter sido um dia de uma satisfação pessoal imensa. Não dava para terceirizar aquilo e obter resultados esperados.

E acredito que a felicidade não virá apenas das metas cumpridas e sonhos realizados, ela vem justamente do caminho entre começar e finalizar (ou não) o SEU sonho. Ou seja, tão importante quanto atingir o ponto final é a trajetória até lá.

Ainda que as metas não sejam atingidas, se são realmente SUAS, o processo (caminho) com certeza te trará satisfação pessoal e felicidade. Eu até arriscaria dizer, de um modo muito simples, que parte da nossa felicidade é a trajetória definida e seguida por nós em busca dos sonhos. Não há mal algum em realizar o sonho dos outros, o problema é quando você só faz isso e mata os seus próprios sonhos.

SEU TRABALHO É UMA FONTE DE SOFRIMENTO?

O trabalho é encarado ainda, por muitos, como uma fonte de sofrimento, de tortura; algo que é feito única e exclusivamente como uma obrigação. Encarar sua atividade desta forma traz enormes prejuízos e "rouba" um percentual significativo do seu tempo, da sua vida, da sua realização pessoal.

Trabalho e sofrimento já estiveram intimamente relacionados. A própria origem da palavra trabalho (tripálio/tripalium) mostra isso. Tripálio (do latim tardio "tri" (três) e "palus" (pau) - literalmente, "três paus") é um instrumento romano de tortura, uma espécie de tripé formado por três estacas cravadas no chão na forma de uma pirâmide, no qual eram supliciados os escravos. Daí derivou-se o verbo do latim vulgar tripaliare (ou trepaliare), que significava, inicialmente, torturar alguém no tripálio. Esses termos vieram a dar origem, no português, às palavras "trabalho" e "trabalhar", ainda que no sentido original o "trabalhador" seria um carrasco, e não a "vítima", como atualmente.

Ao longo da história o conceito de trabalho foi se alterando e tendo uma diferença de percepção pela sociedade. Trabalho já foi associado à escravidão, já foi uma atividade feita somente por aqueles que não tinham posse, já foi associado à falta de liberdade. Talvez, depois do século XIV (na época do Renascimento) o trabalho começou a se moldar como algo mais parecido com o conceito que temos hoje. Ele passou a ser visto como uma atividade fim, que possibilitava crescimento pessoal.

Entretanto, se analisarmos apenas algumas poucas gerações (no meu caso, vou citar da época dos meus avós para cá) algumas mudanças parecem nítidas. A sensação é de que essa associação entre trabalho, satisfação pessoal e felicidade é bem recente.

Para nossos avós e talvez até para nossos pais trabalho e felicidade não tinham associação. Trabalhava-se porque era necessário, a felicidade estava fora do ambiente de trabalho.

Não é à toa que há alguns anos muitos tinham como foco "apenas" prestar um concurso público, pois isso garantiria o futuro. Afinal para que algo melhor do que a estabilidade financeira? Esse era o discurso.

Convivo diariamente com jovens graduandos em sala de aula e hoje o discurso não é trabalhar tendo como foco apenas ganhar dinheiro; a satisfação pessoal, o fazer uma atividade que gere prazer é um dos objetivos. É muito mais comum hoje ver jovens com a ideia de que o trabalho tem que ser uma coisa que a gente gosta, que a gente tem que ser feliz fazendo. E vejo isso com bons olhos, afinal, se passamos quase um terço das nossas vidas trabalhando, isso não pode representar um sofrimento.

Pessoas que encaram o trabalho sob um aspecto negativo e apenas como uma obrigação, deixam escapar a chance de uma realização pessoal plena.

Portanto, considerando as diferentes formas de perceber o trabalho, podemos encará-lo de modos distintos: algo que nos deixa feliz, como algo indiferente e como um fardo pesado (fonte de sofrimento).

Felicidade tem uma relação direta com engajamento e isso se reflete diretamente nas empresas. Segundo um levantamento da Gallup (www.gallup.com), quase 90% dos funcionários das empresas pelo mundo não estão engajados no seu trabalho. Ou seja, num grupo de 10 pessoas, apenas 1 está engajada e motivada com o que faz. E o pior de tudo é que das 9 que não estão engajadas, aproximadamente, 2 estão literalmente sabotando a empresa onde trabalham.

Segundo uma definição de dicionário, o verbo "engajar" tem origem francesa e significa "empenhar-se em dada atividade ou empreendimento". E no meio organizacional engajamento é, certamente, um dos pilares. Afinal de contas, qual empresa não quer cada vez mais seus trabalhadores empenhados nas atividades, apaixonados pelo negócio, comprometidos com a empresa e alinhados com os seus valores e princípios?

Este estudo da Gallup sobre engajamento dividiu as pessoas em três categorias distintas:

- Engajados: São funcionários leais e comprometidos com a organização. Apresentam maior produtividade e tendem a ficar com a empresa durante mais tempo. Eles trabalham com paixão e sentem uma ligação profunda com suas empresas. Têm como característica a capacidade de inovação e ajudam a mover a empresa adiante.
- Não Engajados: São funcionários que podem ser produtivos, mas não têm uma ligação psicológica com a empresa. Têm maior propensão a faltar o trabalho e a se desligar da empresa. São profissionais que podem colocar algum esforço, mas não colocam energia ou paixão nas atividades.
- Ativamente Desengajados: Funcionários fisicamente presentes, mas com a cabeça fora da empresa. São infelizes com a sua situação no trabalho e procuram transmitir essas infelicidade para os demais colegas. Acabam, de alguma forma, minando o trabalho daqueles mais engajados.

Claro que esse engajamento não tem a ver somente com pessoas que, muitas vezes, se direcionam a fazer algo que não as deixam felizes e realizadas. Segundo levantamento da FGV as empresas têm uma parcela de culpa nesse cenário: cargas excessivas de trabalho, metas inatingíveis, ociosidade, relações superficiais entre empresa e funcionários (sob o aspecto humano), autoritarismo.

Eu particularmente tive a chance e fiz uma escolha de poder trabalhar com aquilo que gosto. Isso é o que me dá força e motivação para exercer minha atividade. Sou grato por poder aliar trabalho e felicidade. E é isso que procuro dar como conselho para meus alunos: faça aquilo que você gosta, não deixe seu trabalho se tornar um fardo pesado na sua vida.

Tenho exemplos do meu lado de pessoas que mudaram várias vezes de atividade por que não se sentiam realizadas e felizes. E hoje, fazem o que gostam de uma forma muito mais engajada. E engajamento e felicidade, juntos, maximizam até mesmo a chance de crescimento profissional.

Claro que não é algo simples, cada um tem sua vida e conhece a sua realidade, mas acho que essa é uma ideia que vale a pena: busque sua felicidade também no trabalho. Nunca acredite que trabalho e satisfação pessoal são conceitos que precisam conviver separados.

QUAL É SUA PROFISSÃO?

Algo que perguntamos e respondemos corriqueiramente e até mesmo de forma meio automática é: "qual é a sua profissão?" ou "qual é o seu trabalho?"". "Erramos" tanto ao perguntar quanto ao responder essa questão. Explico.

Do ponto de vista da pergunta, sempre achei o questionamento "Qual a sua profissão?" não muito adequado para ser usado para se formar a "visão profissional" de uma pessoa. Afinal, a profissão pode ser algo temporário e, em muitas situações, nem sempre é o melhor espelho de quem somos profissionalmente.

A pergunta ideal seria: quais são suas habilidades? Por trás de um padeiro habilidoso pode se esconder um talentoso artista plástico. Conheço muita gente em profissões "erradas" que se prenderam demais, por circunstâncias da vida, no que deveria ser (talvez por imposição) e não no que poderia ser (de acordo com suas habilidades).

O ideal é quando a profissão escolhida engloba a maior parte das suas habilidades junto com a paixão pelo que se faz, daí sim sua profissão te representa bem.

Mas e por que "erramos" ao responder essa pergunta? Antes de continuar a leitura pare, pense e diga agora mentalmente qual seria a sua resposta caso alguém te perguntasse "qual é o seu trabalho?". Tem certeza que é a resposta mais adequada?

Eu também achava que sempre respondia adequadamente quando as pessoas me perguntavam. Eu dizia sem nem pensar muito: sou professor... Entretanto, se pararmos para refletir essa seria uma resposta meio vaga e rasa para aquilo que realmente faço todos os dias no meu trabalho.

Claro que por uma questão de cargos e por padrões estabelecidos, continuamos respondendo desta forma, mas isso não impede a nossa reflexão. Muitas vezes definimos o nosso trabalho, a nossa profissão de modo "errado". Procure definir seu trabalho com base no objetivo que você pretende alcançar através dele. E isso faz toda a diferença! A partir desta perspectiva minha profissão não é professor, minha profissão é "ajudar as pessoas a aprenderem".

Veja que olhar sob essa perspectiva me estimula muito mais e me faz enxergar mais claramente a minha responsabilidade na sociedade. Ser "apenas" professor remete muito somente àquele momento dentro da sala de aula. Mas eu não me resumo só a isso. Estar na sala de aula é apenas uma das tarefas que realizo no meu trabalho de ajudar as pessoas a aprenderem. Quando estou estudando em casa, fazendo as aulas no doutorado e, até mesmo, escrevendo esse texto estou exercendo a minha profissão.

O objetivo das pessoas define a sua profissão. Portanto, a sua profissão não deve ser definida pelo que você faz (no meu caso, atuo como professor) mas pelo objetivo/missão que você pretende alcançar (para mim, ajudar os meus alunos aprenderem).

Seu trabalho não é sobre você ou sua empresa é sobre o objetivo que deve ser alcançado, a missão a ser cumprida. Um motorista de ônibus define muito melhor as suas habilidades respondendo que seu trabalho é ajudar as pessoas a chegar em segurança onde elas querem ir, do que simplesmente, dizer que é um motorista.

Numa empresa, em última instância, todos têm a mesma profissão/trabalho: ajudar com que a instituição possa conquistar seus objetivos. Imagine uma universidade, da mesma forma que um professor; do porteiro ao diretor, a missão de todos é fazer com que os alunos possam aprender. As tarefas de cada um podem ser diferentes, mas ao pensar na missão final como a razão do que está sendo realizado, faz a responsabilidade de executar um bom trabalho e até mesmo a motivação e satisfação pessoal aumentarem.

Vendedor, engenheiro, recrutador, programador, gerente, empreendedor, no fundo essas coisas não são exatamente o seu trabalho. Seu trabalho é ajudar a sua ou empresa que você trabalha a crescer. Você se sente muito mais importante ao encarar as coisas dessa forma, é muito bom se sentir parte de algo maior. Experimente!

E agora, pense novamente sobre a pergunta que te fiz no começo deste texto e responda novamente: qual é a sua profissão?

PROPÓSITO PROFISSIONAL: QUAL É O SEU?

Propósito profissional, vida feliz no trabalho, valorização da carreira, são temas muito recorrentes, principalmente na vida de jovens que estão ingressando no mercado de trabalho. Se bem que isso também se aplica mesmo a profissionais mais experientes que estão buscando novos desafios ou até mesmo que não tenham encontrado ainda o seu caminho.

Cada vez mais que o tempo passa, mais eu tenho certeza de que essa questão de ter um propósito não é simplesmente um "papo bonito" como alguns pensam. Sem propósito, sem fazer algo que te realize profissionalmente não há como carregar o fardo por muito tempo e por longa distância.

Digo fardo porque toda profissão tem os seus perrengues. Nenhum trabalho, nenhuma trilha é perfeita. A gente não pode também idealizar e achar que será 100% do tempo feliz no trabalho, que fará somente coisas que lhe dão prazer, que tudo será as mil e uma maravilhas. A dificuldade faz parte do caminho, nossa trilha não é uma reta perfeita, temos muitas curvas, por vezes, sinuosas, na estrada profissional.

Agora o que não é certo é que este caminho lhe traga muito mais sofrimento do que prazer. Que as curvas dominem toda a estrada a ponto de você não conseguir respirar. Desafios e dificuldades sempre enfrentaremos, mas é preciso estar centrado e firme para superá-los. Daí que entra a questão do propósito: fazer aquilo que gosta e que te dê prazer de alguma forma.

Vou citar meu exemplo: ser professor não é uma tarefa fácil, são muitos desafios, sacrifícios de tempo, grande dedicação. Mas o fim (resultado) de tudo aquilo que faço, sobretudo, a possibilidade de transformar vidas por meio da educação é o meu grande combustível e que faz eu olhar para traz com enorme satisfação e saber que tudo aquilo vale muito à pena.

Já tive muitos colegas que entraram na carreira docente e, claramente, aquilo ali não era para eles. Ficar ali seria forçar a barra, sabe? Daí tudo vira um peso porque não está alinhado com o propósito profissional. E é assim, nas mais diversas profissões.

E a conta é simples. Se o prazer proporcionado é maior do que qualquer insatisfação a chance de estar no caminho de ter encontrado seu propósito é bem maior.

Claro que elementos como desvalorização pessoal, profissional, financeira, etc., entram nessa conta com um sinal negativo. Não estou pregando que a busca de um propósito profissional e de uma vida profissional (relativamente) feliz seja algo idealizado. Não dá para esquecer de falar que se preparar também faz parte do processo (estudos, dedicação, etc...). Mas isso aqui tem sim um peso muito grande: não há nada melhor do que olhar para traz, depois de muito trabalho e falar para si mesmo que tudo valeu à pena.

Muitas vezes encontrar esse "tal propósito" pode demorar, será necessário caminhar por muitas e muitas opções, experimentar de tudo um pouco até achar aquilo que é para você, o seu cantinho no mundo profissional.

O importante é caminhar com os pés no chão (sem fantasiar as coisas) mas com a cabeça nas estrelas (sonhando com o que há de melhor para você). Ah! E se eu jamais encontrar o meu propósito? Pode até acontecer, mas acredito que uma hora ou outra ele chega.

Ficando parado é que não se vai a lugar nenhum. E ele (o propósito) também pode mudar ao longo da nossa vida. E ainda que não o encontrasse como sabemos "tudo vale a pena se a alma não é pequena". Fazer essa reflexão é sempre bom. E aí? Qual é o seu propósito?

2. MUITO ALÉM DA COMPETÊNCIA TÉCNICA: A NECESSIDADE DA MOTIVAÇÃO

AUTOMOTIVAÇÃO: PONTO DE PARTIDA

Em um mundo cheio de desafios profissionais e pessoais, sentir-se motivado é bastante importante. Se considerarmos ainda os desafios atuais do nosso país e até mesmo do mundo, todos nós precisamos de doses extras de motivação. Seja para conseguir superar aquele desafio pessoal (algo relacionado à família) ou mesmo na sua profissão (pleitear um novo cargo, por exemplo) a automotivação tem um papel decisivo nessa empreitada.

A automotivação é, em sua essência, a força que te leva a fazer as coisas, a realizar aquilo que deseja. Não quero aqui falar sobre motivação do ponto de vista acadêmico (científico) até porque existem muitos estudiosos, livros, artigos e materiais que tratam desse assunto com bastante competência. Quero deixar aqui uma percepção pessoal, com base na minha experiência de vida, do que acho importante e que, para mim, é algo bastante relevante na minha vida.

A automotivação pode ser vista como uma habilidade-chave e importante para nosso desenvolvimento pessoal e profissional. Quando se busca entender o que nos faz sentir motivados podemos destacar alguns elementos que seriam uma espécie de pilares da motivação:

- Desejo pessoal para realizar e melhorar algum aspecto/situação (tudo começa com a nossa decisão de mudar);
- Compromisso com metas pessoais e organizacionais (as metas nos estimulam e nos dão uma direção);

- Iniciativa em fazer acontecer (de nada adianta somente desejar se não se parte para a ação, sem agir diante das oportunidades que são oferecidas);
- Otimismo para continuar a caminhada em direção aos objetivos mesmo diante dos contratempos que, por ventura, venham a surgir (precisamos saber superar as pedras do caminho).

Outras características podem ajudar as pessoas a se sentirem mais motivadas. Pessoas que são auto motivadas tendem a ser mais organizadas, terem boa capacidade de gerenciamento de tempo, autoestima e confiança. Deste modo, compreender o que te faz auto motivado pode ajudá-lo a assumir o controle de outros aspectos da sua vida, inclusive os profissionais.

E como desenvolver essa automotivação? Tudo começa na verdade, com uma outra pergunta: O que te motiva?

Fundamental para a automotivação é entender o que te motiva a fazer as coisas. Se você para de modo a observar esse mecanismo, passando a compreender como isso funciona dentro de você, poderá descobrir o combustível que acende a chama da motivação na sua vida.

Não encaro isso como algo simples. Não é fácil descobrirmos de forma clara aquilo que nos motiva, pois, muitas vezes, isso está bem oculto na nossa consciência. Além disso, motivação é algo que pode mudar de uma hora para outra, do dia para noite, entre as diferentes fases da vida. Isso é complemente plausível, afinal, os nossos desejos e objetivos mudam e evoluem com o passar do tempo.

E como descobrir aquilo que nos motiva? Na verdade a motivação tem um carácter intrínseco e extrínseco. Intrínseco está relacionado a fatores internos, como por exemplo, fazer algo que você ama. Intrínseco significa "que faz parte de ou que constitui a essência, a natureza de algo; que é próprio de algo; inerente...que é real; que tem importância, significação por si próprio, independentemente da relação com outras coisas".

Já o carácter extrínseco da motivação refere-se a elementos externos, como por exemplo, fazer algo por um bom salário. O extrínseco refere-se ao "que não faz parte do conteúdo essencial de alguma coisa; que se encontra no exterior de algo ou de alguém". Os elementos internos (intrínsecos) nos levam a realizar ações ou tarefas com base na satisfação pessoal gerada/percebida. Os elementos motivadores externos (extrínsecos) nos levam a realizar aquilo que pode nos gerar algum tipo de recompensa, por exemplo, dinheiro ou conseguir boas notas.

Pessoas diferentes são motivadas por fatores diferentes (intrínsecos ou extrínsecos) com pesos distintos, em diferentes momentos das suas vidas.

Portanto, devemos entender o momento que estamos vivendo, compreender os elementos que nos motivam para que possamos buscar da melhor forma a nossa automotivação. Em alguns momentos estaremos mais ou menos inclinados a um ou outro tipo de elemento motivacional.

A motivação intrínseca (movida por aquilo que nos dá prazer) seria a ideal, mas nem sempre é a mais viável. Em algumas situações a nossa motivação será apenas extrínseca. Trabalharemos porque precisamos pagar nossas contas. Nessas situações o trabalho pode ser apenas uma atividade que não gera nenhum prazer e nenhuma perspectiva de promoção. Em outras situações (aquelas que considero ideais) trabalharemos naquilo que amamos, gerando uma enorme satisfação e auto realização no trabalho (o foco já não é, por exemplo, o dinheiro).

Geralmente não nos encontramos nesses extremos, vivemos num meio termo entre elementos motivacionais intrínsecos e extrínsecos. A maioria das pessoas têm de trabalhar para ganhar dinheiro mas, ao mesmo tempo, elas também podem procurar encontrar para sua vida um trabalho gratificante ou pelo menos satisfazer de outras maneiras os elementos intrínsecos de forma que se mantenham auto motivadas (buscando realizar tarefas que garantam a satisfação no trabalho ou encarar o trabalho como uma oportunidade de socializar com os colegas, por exemplo).

Todos nós temos uma tendência a trabalhar melhor quando amamos o que fazemos. E fazer o que amamos nos traz a motivação.

Quando nos sentimos motivados é mais fácil sair da cama pela manhã, o que nos deixa mais felizes em nosso trabalho e mais felizes na vida, em geral. Dessa forma, poderemos lidar com os problemas do dia a dia, como por exemplo, o estresse e as longas jornadas de trabalho.

Ao pensar sobre o que te motiva para executar uma determinada tarefa, pense tanto em elementos motivadores intrínsecos quanto extrínsecos. Algumas habilidades que também podem nos ajudar a manter motivados são:

- Definição de metas realistas (propor algum inviável só vai gerar frustrações);
- Avaliar o nível de riscos (conhecer as dificuldades ajuda a atingir as metas e a traçar o melhor caminho até o objetivo);
- Buscar feedback constante sobre como melhorar (quando conhecemos nossas dificuldades, podemos melhorar e nos tornar mais preparados);
- Ser capaz de lidar com contratempos e continuar buscando os objetivos apesar dos obstáculos (devemos compreender que o caminho até as metas nem sempre será tranquilo. Mas lembre-se: no final do arco-íris existe um pote de ouro).

Aqueles que estão motivados poderão muito mais facilmente motivar os outros. Isto pode ser particularmente importante se você exercer cargos de liderança.

Finalmente, é importante definir o que você quer atingir e permanecer motivado para alcançá-lo. Para manter seus níveis de motivação valem algumas dicas:

- Mantenha-se próximo à pessoas entusiastas: tente evitar pessoas negativas, buscando pessoas positivas e bem motivadas. É muito mais fácil se sentir motivado, se as pessoas ao seu redor também o são;
- Pense positivo: mantenha uma atitude positiva, encarando os problemas e os contratempos como oportunidades de aprendizagem e crescimento;
- Conheça seus pontos fortes e fracos: busque superar suas fraquezas e fortalecer os seus pontos fortes. Quando estamos mais bem preparados tudo fica mais fácil;
- Não tenha medo de pedir ajuda: se não sabe algo, não tenha medo de perguntar. Torne o caminho até seu objetivo o menos árduo possível.

E, se essas dicas não forem suficientes para motivá-lo, quando se sentir fraco, desmotivado e sem forças para continuar lembre-se: dias difíceis também chegam ao fim!

MOTIVAÇÃO NA CARREIRA PROFISSIONAL E NA VIDA PESSOAL

Não interessa a sua área de atuação profissional, mas uma coisa é certa: precisamos nos sentir motivados para sermos bem-sucedidos em nossas carreiras e até mesmo na nossa vida pessoal.

Já reparou que quando não nos sentimos motivados as atividades parecem um fardo pesado? O tempo parece não passar, o que você faz parece não ter sentido. É assim na vida pessoal, é assim na nossa vida profissional. Sem a devida motivação a angustia tomará conta da nossa rotina.

Sentir-se motivado é consequência do que desejamos para nós mesmos (por exemplo, em termos de anseios profissionais), das nossas metas, da forma como encaramos os pequenos sucessos diários. Claro que a motivação não é algo tão simples e que dependa apenas do nosso desejo ou das nossas ações para que se torne realidade. Mas algumas mudanças de atitudes podem impactá-la de modo positivo.

Parte da motivação (a maior parte) relaciona-se, talvez, ao modo como encaramos aquilo que temos que fazer. Quando precisamos realizar uma tarefa, a forma como a encaramos pode ajudar ou não a completá-la de um modo muito menos pesado ou mesmo de um modo feliz (deste que se sinta motivado para tal).

A resistência em fazer certas coisas é que nos deixa mais ou menos motivados. Alta resistência vai implicar em desmotivação. Pense você mesmo em uma atividade que não queira/não goste de fazer (alta resistência), com certeza seus níveis de motivação para tal ficam bem baixos, não é mesmo? Portanto, é importante conhecermos quais são as principais fontes de resistência, a fim de atacar o problema da (falta de) motivação.

A primeira coisa que nos deixa desmotivados pode ser expressa pela frase "eu tenho que...". Uma das coisas que mais dificultam a motivação, criando alta resistência, é quando somos forçados a fazer alguma coisa. A dica nesse caso é que procure encarar o que tem de ser feito de outra forma.

Em muitos casos o fato de se sentir obrigado a fazer algo o impede de olhar com prazer. Verifique se você não está deixando de desfrutar simplesmente porque você sente que "precisa fazer". Encarar suas atividades profissionais, por exemplo, sempre como uma pura e simples obrigação vai te deixar totalmente desmotivado. Que tal enxergar aquela obrigação como uma oportunidade de aprender algo que ajudará no seu crescimento profissional?

Não existem atalhos para o sucesso e para alcançá-lo precisamos percorrer um longo e duro caminho (que pode ser muito menos tortuoso se seguido com motivação).

Desta forma, em vez de dizer "eu tenho que..." diga "eu escolho...". É só alterar o ponto de vista, se quero ter sucesso, portanto: "eu escolho levantar cedo" (e aproveitar o aprendizado proporcionado pelo meu trabalho), "eu escolho fazer essas atividades", "eu escolho estender um pouco mais meu dia de trabalho". Encare de outra forma e tenha como foco os benefícios das suas ações e não a obrigatoriedade de cumpri-las.

Outra barreira para a motivação é não se sentir bem fazendo o que faz. Por exemplo, se você tiver que fazer algo que se oponha às suas crenças ou valores, com certeza, não se sentirá motivado. Um exemplo típico é quando precisamos fazer hora-extra, ainda mais para alguém que valorize os momentos juntos à família, focando muito mais a vida familiar do que a progressão na carreira. Nessa situação, é bem provável que a desmotivação tome conta.

A solução é mais uma vez encarar a situação por um outro ângulo. De repente, as horas-extras desse final de semana poderão ser revertidas em horas a mais de folga na semana seguinte. Ou se esse não for o caso, tente adicionar valor à tarefa que você esteja executando (as horas-extras se reverterão em mais dinheiro e isso poderá propiciar férias mais bacanas com seus familiares).

Outro inimigo da motivação é expresso pela frase "Eu não sei fazer isso". Quando você se sente incapacitado frente a uma tarefa, começar pode ser muito difícil. A sensação de que você vai falhar, ou que você não sabe como começar, vai fazer com que qualquer distração pareça infinitamente mais interessante do que a própria tarefa. Já experimentou estudar um assunto complicado com um celular do seu lado? Nessa hora, as janelinhas das redes sociais piscando na tela têm um forte poder de sedução.

Nessas situações a solução é encarar o esforço como uma oportunidade de criar excelência e, consequentemente, de crescer. E nessa hora vale o ditado "a prática leva à perfeição". Portanto, se não souber algo peça ajuda, mas não permita que a falta de conhecimento te deixe de mãos atadas e desmotivado. Com certeza, da próxima vez já não haverá tanta resistência e os níveis de motivação tendem a aumentar.

Claro que neste processo de busca pela motivação não podemos jamais ignorar a força de vontade. Ela é elemento fundamental. Uma coisa é se sentir motivado e outra coisa completamente diferente é ser capaz de realizar as tarefas. Neste processo existe uma interseção entre a motivação e força de vontade; não basta apenas querer é preciso ter a capacidade de executar bem.

Neste sentido, existem pesquisas que apontam a força de vontade como um recurso finito, portanto, ela se esgota em algum momento do dia. Isso significa que nós temos certa quantidade de força de vontade (como uma espécie de estoque diário) e, uma vez que tenhamos esgotado nosso estoque, vamos nos sentir muito menos capazes de fazer as coisas certas e agir ainda que tenhamos motivação.

Sob essa perspectiva, quanto mais decisões tomamos por conta das atividades que devemos executar ao longo do dia, o mais provável é que isso vá minando o nosso estoque de força de vontade. Conforme o tempo passa, a nossa força de vontade diminui e nossa capacidade de se sentir motivado também entra em declínio. E como podemos evitar que isso aconteça?

Uma dica seria desenvolver certas rotinas. A partir do momento que acordamos, somos inundados com várias decisões que devemos tomar, que vai desde a escolha da roupa que vamos vestir até o que devemos comer no café da manhã.

Deixar algumas decisões "no automático" (algo rotineiro) é, portanto, benéfico já que minimiza o número de decisões que devem ser feitas, permitindo-nos guardar energia para decisões mais importantes.

Definir prioridades seria um ótimo passo. Não importa quão bem definidas sejam suas rotinas, você provavelmente ainda vai experimentar algum grau de fadiga no final do dia. Deste modo, seria importante que suas atividades prioritárias (relacionadas ao trabalho, por exemplo) fossem realizadas na parte da manhã de forma a garantir que essas tarefas recebessem o seu mais elevado nível de foco.

Outro ponto importante seria eliminar compromissos desnecessários. Às vezes precisamos saber dizer não para aquilo que não é importante, para aquilo que não temos condição de dar conta. Por mais difícil que seja, isso pode impactar na nossa produtividade. Lembre-se: cada compromisso assumido por você vai exigir parte do seu estoque de força de vontade, diminuindo a sua motivação e sacrificando outras áreas mais importantes de sua vida.

TUDO É UMA QUESTÃO DE QUERER E FAZER ACONTECER

Nas minhas redes sociais já li bastante comentários de pessoas que dizem que textos motivacionais não levam à nada e são uma perda de tempo. Não sigo essa linha, pelo contrário, com certeza você já percebeu isso neste livro.

Ler, ver e ouvir histórias de outras pessoas que conseguiram alcançar seus objetivos e cresceram de alguma forma, me inspiram demais e é um combustível para saber que nós também podemos alcançar nossos sonhos.

Claro que devemos encarar a vida com doses de realidade: não basta simplesmente sonhar com alguma coisa e não fazer sua parte para atingir o objetivo. Além disso, temos que ter consciência que nem tudo que desejarmos é viável por uma série de fatores que envolvem competências, tempo, oportunidades, sorte, disponibilidade, etc. Não vivemos num conto de fadas onde tudo é ou será lindo e maravilhoso, mas também não podemos ser fatalistas e achar que "é assim mesmo" e que não podemos mudar nossa realidade.

Constatar que é possível atingir aquilo que você deseja (ou se aproximar o máximo possível) é o primeiro passo. E de onde vem essa certeza? Das pessoas que nos cercam, que vivem realidades similares (ou piores) às nossas e que alcançaram objetivos similares àquilo que desejamos. E estes exemplos não precisam ser distantes. Que tal olhar pessoas próximas à você (pais, parentes, amigos, conhecidos, etc.)?

Eu, por exemplo, sempre acreditei que poderia alcançar sucesso profissional e pessoal por meio da educação. E minha primeira e mais forte inspiração foram os meus pais.

Meus pais nasceram em uma cidade pequena no interior da Bahia (para ser mais exato em Macarani). E como conta minha mãe, uma dia ela estava limpando o seu guarda-roupas, então, olhou para a janela do seu quarto simples e desejou mudar a sua realidade para ter mais oportunidades. E meus avós que também corroboravam com esse desejo e queriam oferecer o melhor aos filhos mudaram de cidade para mudar a realidade da família.

Já em uma cidade bem maior e bastante empenho depois, minha mãe se formou em magistério, passando atuar como professora e meu pai (um técnico em contabilidade), depois de ter trabalhado em banco, passou num concurso como servidor público federal.

Observe que aquela história de ter um sonho, desejar mudar de realidade, dedicar-se para fazer acontecer é um passo decisivo para concretizar os objetivos.

Esse crescimento dos meus pais sempre foi um exemplo que carreguei na minha vida. Se a gente quer, a gente pode (mas tem que fazer acontecer). Eu nasci em Vitória da Conquista (também na Bahia), uma cidade de porte médio, 3ª maior do estado com cerca de 360.000 mil habitantes. O ambiente que em eu vivia fomentava muito mais oportunidades para mim do que tiveram os meus pais. E os sonhos também, de modo geral, acabam sendo maiores, por consequência.

Sempre inspirado e apoiado por meus pais, acreditei que meu futuro viria por meio da educação. E trabalhei para que, de fato, isso acontecesse. O primeiro grande sonho que tive era ter um curso superior. Com bastante dedicação na escola, tive a oportunidade de passar em alguns vestibulares e escolher aquilo que eu gostaria de ser. Optei pela Ciência da Computação (estudei na minha cidade) e aquela escolha definiu meus próximos objetivos e desafios.

Cinco anos depois, já formado, o desejo era de dar um passo maior, de ter um mestrado e, mais uma vez, foi preciso estabelecer minha meta e correr atrás daquilo que eu queria para minha vida. Apesar de todas as dificuldades, sobretudo por não conhecer nada nem ninguém, fui com a cara e com a coragem prestar o processo seletivo na Universidade Federal de São Carlos (UFSCar), no interior de São Paulo.

De novo meus pais foram minha inspiração, se eles conseguiram mudar de realidade eu também poderia.

E para a minha alegria, fui aprovado no processo. E não foi por sorte, tudo foi fruto de um desejo maior de crescer profissionalmente que me motivou a ser sempre um bom aluno o que me ajudou a construir um bom currículo escolar (fator importante nesses processos).

Depois disso, já com o mestrado voltei para minha cidade. Três anos depois por uma motivação pessoal e mais uma oportunidade de dar um salto profissional, fui com a cara e a coragem para Bauru (interior de São Paulo). Consegui o emprego (de professor) após um processo seletivo numa conceituada universidade da cidade e, um ano depois, fui convidado a assumir a coordenação do curso de Ciência Computação.

Posteriormente, novamente motivado pelo desejo de dar mais um salto profissional, prestei um processo seletivo para o doutorado, no qual fui aprovado. Minha pesquisa envolvia aplicar a computação na área de saúde (o doutorado é na área de saúde), o que implicou eu ter que dedicar horas estudando e aprendendo coisas completamente fora do que eu conhecia para poder passar no processo seletivo.

E sabe por que eu decidi contar um pouco da minha história? Por que como eu disse no começo do texto, acredito que ao compartilhar os nossos desejos, dificuldades e conquistas podemos inspirar outras pessoas a buscarem aquilo que desejam. De repente, algumas pessoas podem ter realidades similares à minha e também desejos próximos aqueles que eu tive e, com isso, podem ter a certeza de que é possível conquistar o que queremos.

Uma coisa que aprendi nessa caminhada é que as conquistas são proporcionais à nossa dedicação. Quanto maior o sonho maior será a necessidade de empenho. Não adianta querer muito e fazer pouco. Também é preciso estar ciente de que fazer não é garantia de ter. Mas quem não corre atrás jamais alcança.

De forma recorrente, o ciclo de desejo, motivação e dedicação se faz presente em todos os momentos na nossas vidas. Mas o que nos motiva e o que temos que ter em mente é: Sim, você pode! Nós podemos! Basta querer e fazer acontecer. Não vai ser fácil, mas vai ser muito bom depois olhar para trás e dizer com orgulho que tudo valeu à pena.

3. GESTÃO DA CARREIRA E CONSTRUÇÃO DA IMAGEM PROFISSIONAL

O (RE)COMEÇO DA VIDA PROFISSIONAL

QUANDO CHEGA A HORA DA DECISÃO

Trabalhando como professor tenho a oportunidade de, todos os anos, ter contato com vários jovens em início de carreira. Apesar deles estarem iniciando no ensino superior onde, teoricamente, já definiram a sua profissão, percebo que isso não vale para todos.

Entramos muito jovens na universidade, cheio de expectativas e sonhos. Para muitos a decisão por uma profissão ainda não está madura o suficiente para ser definitiva. Aliás, essa decisão não precisa ser definitiva para ninguém: nem para os jovens e nem para quem não esteja satisfeito (independente de idade).

Descobri que queria ser professor ainda durante a minha graduação. Quando terminei o meu curso universitário, tinha a certeza que era isso que queria para a minha carreira profissional. Daí em diante, dediquei os meus esforços e estudos para me aprimorar nessa atividade. Mas essa é a questão: eu havia definido, era de fato um decisão madura. Por isso, quando chega a hora de decidirmos o que "queremos ser quando crescer", essa é uma das mais importantes decisões da nossa vida.

Nesse processo os pais, parentes e pessoas mais próximas têm um papel fundamental e, como tal, devem procurar ajudar, aconselhar sem contudo confundir e pressionar um jovem que está decidindo sobre sua vida profissional. Baseado na minha experiência pessoal e da forma como os meus pais me ajudaram bastante nesse processo, gostaria de compartilhar aqui, um pouco, minhas impressões sobre este momento.

Sem pressões e julgamentos, ajude um jovem a fazer a escolha certa para o seu futuro. O final do ensino médio geralmente é um momento difícil para os alunos que estão tentando trilhar o seu caminho para uma futura carreira. Nesse processo o conselho dos mais experientes é importante, mas precisamos ter em mente que a decisão "final" deve ser feita pela própria pessoa.

Ser solidário é a melhor maneira de ajudar. Dê tempo para que o jovem possa explorar suas opções (a pressa é inimiga da perfeição). Você, jovem ou mesmo um profissional que deseja simplesmente mudar de área, pode sempre que possível reservar um tempo para falar com alguém que trabalha na profissão que você está interessado e tirar todas as suas dúvidas. Em tempos de redes sociais isso ficou muito mais simples hoje em dia. Já existe uma grande pressão sobre os jovens para que terminam o ensino médio, assim, ter o apoio da família é importante.

Não imponha suas opiniões. Sempre que novas turmas de calouros iniciam os estudos no ensino superior, noto que, em alguns casos, eles estão ali apenas porque se sentem pressionados e obrigados por seus pais.

Não tem como ser feliz e um bom profissional se esse for o motivo de opção por uma carreira. Um conselho para os pais: vocês podem "trocar uma ideia" com seus filhos sobre o que vocês acham que seria melhor para o futuro deles, mas alguns jovens não respondem bem às pressões e imposições ao ser dito o que devem fazer.

Nesse aspecto vale a pena observar os hobbies e as habilidades (quem faz o que gosta e o que "tem jeito", tem grande chance de fazer bem e ser feliz futuramente, no aspecto profissional).

Entenda que as coisas estão mudando. O modo como trabalhamos mudou drasticamente ao longo dos anos, exigindo diferentes tecnologias e demandas de habilidade. Os jovens de hoje podem estar pensando em uma carreira em um campo que não existia há cinco anos, tornando mais difícil para os mais "velhos" darem conselhos e até mesmo perceber que existe um mundo de oportunidades fora das profissões ditas "tradicionais".

Estágio e trabalho voluntário são uma ótima forma de conhecer o dia a dia de uma profissão. Eles vão ajudar alguém que está optando por uma carreira a entender como tudo funciona na prática: a dinâmica de local de trabalho, as atividades a serem desenvolvidas, as dificuldades rotineiras, etc. Para quem está começando é ótimo para aprender novas habilidades e para ajudar a tomar uma decisão mais embasada. Também tornará mais fácil continuar a aprender futuramente quando eles começarem em um novo emprego ou curso.

Informação e apoio são as melhores maneiras de ajudar os jovens a descobrir o que eles querem para sua carreira. Como diz aquela famosa frase: "Escolha um trabalho que você ame e você nunca terá que trabalhar um dia em sua vida".

GESTÃO DE CARREIRA PARA OS FUTUROS PROFISSIONAIS

Lidando com a educação já tive a oportunidade de acompanhar diversos jovens que ingressam no ensino superior e, depois, entram no mercado de trabalho. E, apesar de todos terem acesso ao mesmo processo de formação, se tornam profissionais bem diferentes e com oportunidades bem distintas.

O que diferencia aqueles que terão maior ou menor sucesso é, justamente, a forma com que caminham durante a graduação. Por isso, quanto antes despertarem a consciência sobre a necessidade de gerir a sua futura carreira desde o primeiro dia de aula, melhor será.

Costumo até dizer para meus alunos que a partir do momento que entram no ensino superior, eles já são profissionais em formação, justamente para tentar despertar essa consciência neles. E os colegas de turma são seus primeiros "parceiros de profissão" com os quais eles poderão muito aprender durante a jornada.

Mas da mesma forma, numa visão um pouco mais competitiva, esses parceiros também são concorrentes futuros, pois todos ingressarão no mercado de trabalho e as oportunidades serão dadas em maior ou menor escala, dependendo da posição de destaque que ocupem neste período em que são estudantes.

Por entrarem ainda muito jovens na graduação e, por vezes, com aquela "mentalidade apenas de escola" (estudar só para passar), muitos demoram a perceber que precisam atuar de forma diferente, que os frutos futuros estão bastante ligados àquilo que eles fizerem à partir de agora.

Vejo muitos alunos que chegam lá no final do curso e dizem, mais ou menos assim: "Professor, deveria ter aproveitado melhor minha graduação. Levado mais a sério, estudado para, de fato, aprender e não somente passar nas matérias. Devia ter aproveitado as oportunidades extras oferecidas pela universidade".

O problema é que ao perceber isso apenas no final do curso pode ser tarde demais para correr atrás e tentar modificar as coisas. E algo que foi deixado para trás pode representar a falta de uma oportunidade futura.

Portanto, um conselho que sempre dou para aqueles jovens que estão iniciando a vida acadêmica é que aproveitem tudo. Claro que não existe uma receita que garanta sucesso, mas você pode maximizar as chances com maior dedicação. Nada é mais certo do que aquela frase: colhemos o que plantamos. E não dar para colher algo que não tenha sido plantado.

Deste modo, gestão de carreira se faz desde o começo, quando se ingressa no ensino superior e não somente depois de formado.

E antes que pareça aqueles papos chatos; gerir bem sua carreira, pode sim exigir alguns sacrifícios, mas isso não implica em abrir mão de vida social, amigos, etc. É possível sim, conciliar tudo, sendo feliz na vida pessoal e profissional.

Comento a seguir alguns pontos que, a meu ver, merecem atenção neste processo de gestão de carreira.

Aproveite todos os recursos oferecidos por sua instituição. Enriquecer o seu currículo vai ajudá-lo a se diferenciar dos outros. Participe de eventos científicos, cursos, iniciação científica, projetos de extensão, seja voluntário em atividades. O importante aqui é ir além do básico oferecido. Lembre-se, num mundo tão competitivo ter algo a mais faz toda a diferença.

Eu gosto até de citar meu exemplo. Quando era aluno, por conta do meu interesse fiz iniciação científica, em que tive a oportunidade e desenvolver, junto com um professor, um projeto científico (no meu caso na área de realidade virtual). Quase 10 anos depois, entrei em um emprego, justamente por conta deste conhecimento específico adquirido no projeto e que não era ensinado durante a graduação. Foi "o algo a mais", "o diferencial" que me abriu a oportunidade, muitos anos depois. A colheita pode tardar, mas não costuma falhar.

Dedique-se ao aprendizado de línguas estrangeiras. Não é novidade para ninguém que dominar um novo idioma amplia as oportunidades em várias áreas. Além de representar um diferencial (talvez bem menos hoje do que antigamente, porque muitos já têm essa consciência), você pode até mesmo ampliar o rol de lugares em que pode trabalhar.

Dominar línguas como o inglês, pode permitir trabalhar, inclusive, em outros países. E mesmo que você não use a língua estrangeira diretamente no seu dia a dia profissional, no mínimo, servirá para que adquira novos conhecimentos (por exemplo, é comum que em várias áreas as novidades sejam publicadas primeiramente em inglês e, por vezes, nem chegam a ser traduzidas para o português).

Tenha um perfil profissional. Redes profissionais como o LinkedIn, permitem que você tenha acesso a bastante material interessante, compartilhado por profissionais da sua área que podem, e muito, beneficiar a sua carreira. Seja ampliando o seu conhecimento técnico ou mesmo "aprendendo" com as experiências compartilhadas por pessoas da sua área ou mesmo de outras áreas.

Além disso, esses ambientes te dão a oportunidade de montar uma rede de contatos, fazendo networking. No LinkedIn, por exemplo, você pode ver o que pensam os profissionais, inclusive, aqueles de alto nível numa hierarquia de uma empresa (como presidentes e CEO's). Também nessas redes profissionais surgem muitos anúncios de vagas, as quais você poderá concorrer. Estar em contato com esse mundo profissional é importantíssimo para se manter atualizado e ligado nas oportunidades.

Cuidado com o que você posta nas redes sociais. Facebook, Instagram, etc... São redes com caráter social, mas que podem ter influência também na sua vida profissional. Muita gente, às vezes, "esquece" que essa separação entre vida social e profissional não é algo tão simples.

Você pode se surpreender ao saber sobre o que as empresas andam pesquisando sobre o seu perfil. Existe gente que perde uma oportunidade profissional por ter postado algo indevido no Facebook.

Imagine que uma empresa vai contratar uma pessoa e percebe que ela faz postagens com atitudes preconceituosas, de violência, ou mesmo costuma falar mal publicamente de seus colegas ou da empresa em que trabalha (ainda que fora do ambiente de trabalho). Não tem como um recrutador "ignorar" esse tipo de coisa. Somos humanos, fazemos julgamentos o tempo todo e somos influenciados por isso. Sem entrar do mérito se isso é certo ou errado, fique esperto com o que posta em suas redes. Uma postagem "inofensiva" de hoje, pode se tornar uma "dor de cabeça" amanhã.

Aprimore sua comunicação oral e escrita. Muita gente acha que comunicar-se bem é importante apenas para alguns profissionais. Entretanto, o tempo todo precisaremos relatar o que fazemos e estaremos em contato com outras pessoas. Falar bem e escrever bem só têm a acrescentar à sua carreira.

Ninguém perde uma oportunidade por saber se comunicar adequadamente, mas não saber se comunicar pode ser uma séria limitação. Para algumas áreas isso pode ter um peso maior, mas é importante para todos os profissionais. Aproveite para treinar essas habilidades enquanto ainda estiver na faculdade/universidade (apresentando trabalhos diante da turma, escrevendo relatórios, caprichando nas respostas das provas, etc.).

Dedique-se para ser lembrado. Muitas vezes nos esforçamos e ficamos frustrados quando não somos reconhecidos. Mas daí eu volto a lembrar da história da colheita (plantamos agora mas os frutos podem demorar um pouco para aparecerem). Seja um aluno assíduo, dedicado às suas atividades para ter um bom desempenho. E desempenho não está, necessariamente, ligado a notas altas.

É importante que você seja um bom aluno e que essa imagem fique explícita para seus colegas e professores. E por que para colegas e professores? Porque seus professores, muitas vezes, são solicitados a indicarem alunos ou ex-alunos para oportunidade de emprego (e/ou estágio) e adivinha de quem eles vão se lembrar? Da mesma forma, seus colegas podem estar no mercado de trabalho e precisarem indicar outras pessoas para vagas que surjam. Assim, dedicação e um bom relacionamento são bastante importantes.

Mais uma vez vou relatar a situação que aconteceu comigo. Eu havia terminado o meu mestrado e voltado para minha cidade (onde eu também havia me graduado). Certo dia vejo uma mensagem na minha rede social (o antigo Orkut, em 2006) de uma ex-professora minha. Ela soube que eu havia retornado, lembrou-se que eu havia sido um bom aluno e quis conversar comigo. E qual não foi minha surpresa ao saber que ela queria me oferecer uma oportunidade de emprego (o meu primeiro emprego). E assim começou a minha carreira docente.

Não estou aqui dizendo que existe fórmula do sucesso. Mas sem dedicação, empenho e uma boa gestão de carreira as coisas ficam bem mais difíceis de serem conquistadas.

DESTACANDO-SE PROFISSIONALMENTE

COMO SER UM PROFISSIONAL MAIS ATRAENTE COM A AJUDA DA CIÊNCIA DA PERSUASÃO

Lendo certa vez uma matéria sobre persuasão, algo bem interessante que era relatado, no contexto de marketing, era sobre o que levava uma pessoa a consumir um produto ou serviço oferecido por uma empresa.

O interessante é que o professor de psicologia da Arizona State University, Robert Cialdini, elencou seis fatores que, segundo ele, são capazes de influenciar como as pessoas consomem serviços e produtos. Segundo o professor Robert, a persuasão é uma ciência que pode ser usada para explicar ou moldar a forma como um produto/serviço é percebido pelo público e isso pode ser usado pelas empresas para influenciar seus consumidores.

Daí fiquei imaginando que da mesma forma que uma empresa pode usar essas técnicas para incentivar o consumo, podemos utilizá-las enquanto profissionais para vendermos o nosso maior produto: nós mesmos! Ou seja, se mudarmos o foco para o marketing pessoal, podemos tirar benefícios da ciência da persuasão para nossas carreiras.

A persuasão não é apenas uma arte, é uma ciência com um vasto conjunto de evidências científicas capazes de explicar como as pessoas são influenciadas. São seis princípios universais que podem ser usados no contexto profissional do marketing pessoal. Vejamos:

1) Reciprocidade - Os seres humanos muitas vezes sentem a necessidade de retribuir um favor ou um gesto gentil. No contexto do consumo, as marcas exploram isso, oferecendo uma amostra grátis ou um bom desconto, por exemplo, induzindo o consumidor a adquirir um produto. No ambiente de trabalho, um profissional gentil e prestativo tende a ser bem visto, gerando um clima de harmonia entre seus colegas e toda a empresa. Um profissional que contribui com os outros está mais propenso a receber ajuda também quando for necessário. É como um espelho que reflete aquilo que está à sua frente.
2) Compromisso - Uma vez que alguma pessoa está envolvida com

algo, ela está muito mais propensa a continuar com esta coisa. Nos negócios, isso significa cultivar lealdade à marca. A Apple, por exemplo, usa isso muito bem criando uma legião de fãs que consomem seus produtos e serviços de forma tão leal que sequer cogitam mudar de opção. Um consumidor leal está muito mais comprometido a pagar novamente pelo produto. Um profissional pode estabelecer essa relação de lealdade com a empresa em que trabalha. Um profissional verdadeiramente comprometido aumenta a possibilidade de desenvolver um sentimento de lealdade na empresa.

3) Mentalidade comum - Quanto mais as pessoas fazem uma determinada coisa, mais provável são que as outras pessoas a façam também. Quando as marcas podem demonstrar sua popularidade ou satisfação frente a um grande número de clientes, isso estimula outros consumidores também a comprar. Uma marca bem vista e conhecida no mercado tende a vender muito mais. Por isso, é tão importante um profissional ter uma boa imagem perante o mercado de trabalho. Quem é bem visto é mais desejado, quem é conhecido é mais lembrado. Uma imagem positiva, com certeza, aumenta as chances profissionais futuras.

4) Autoridade - As pessoas são mais propensas a ouvir um especialista do que qualquer um que não o seja. Assim, da mesma forma que a mentalidade comum é importante, ter um especialista relevante falando sobre a eficácia de produto ou serviço de uma marca é essencial para a conversão de novos consumidores. Do ponto de vista profissional significa que precisamos desenvolver autoridade com aquilo que desejamos trabalhar. Daí a importância de se estudar e se especializar naquilo que você deseja fazer. Ter "autoridades" em seu quadro de funcionários é interessante para as empresas e esses profissionais poderão sair na frente de outros na hora de buscar oportunidades no mercado de trabalho.

5) Proximidade - Pessoas que são semelhantes ao consumidor alvo são mais propensas a persuadir o consumidor a comprar. As pessoas com características demográficas semelhantes, seja em termos de etnia, classe socioeconômica, religião ou até mesmo os interesses similares, são muito mais eficazes para persuadir os consumidores do que aqueles que são muito diferentes deles. E como isso pode ser aplicado no ambiente de trabalho? Justamente estando alinhado com a missão e a visão da empresa. As empresas não buscam somente um funcionário, elas querem alguém comprometido com seus valores e com a

sua cultura. É preciso ser flexível e ter a capacidade de se adaptar às diferentes necessidades do ambiente de trabalho.

6) Escassez - As pessoas tendem a querer aquilo que não podem ter. Fazer um produto ou serviço parecer exclusivo ou pouco disponível o torna mais atraente para o consumidor e aumenta a probabilidade de compra, além de contribuir para um provável preço mais alto. Enquanto profissionais podemos também ser escassos. Ser escasso significa ter diferenciais com relação aos outros. E como podemos alcançar esses diferenciais e sermos mais valorizados? Fazendo aquilo que os outros não fazem, aprimorando as suas habilidades, tendo um conhecimento maior que os outros. Nesses momentos, estudar e se aprimorar faz uma grande diferença.

Considerando esses seis princípios de influência, os profissionais podem buscar seu aprimoramento, sendo mais valorizados no mercado de trabalho. Entretanto, existe uma diferença entre influência e manipulação.

Ser influente é conquistar e se valorizar com seus próprios méritos. Manipular é fingir algo que não se é e representa, a longo prazo, um anunciado desastre. Não existe uma "receita de bolo" de garantia de sucesso, mas existem boas práticas que podem facilitar a caminhada.

AMADORISMO X PROFISSIONALISMO

Se você parar para notar, até mesmo com base nas suas próprias experiências, existe uma habilidade bastante valiosa que é capaz de fazer você se destacar em qualquer área da vida, tanto no aspecto profissional quanto pessoal.

Por que grandes profissionais são o que são? Por que algumas pessoas conseguem se destacar e outras não? Por que mesmo estando diante das mesmas oportunidades alguns profissionais conseguem se diferenciar dos seus colegas? O que faz a diferença entre profissionais e amadores?

Mais do que nunca aquela famosa frase é o carro-chefe desta história: a prática (e a constância) levam à perfeição. Pare e observe as pessoas bem-sucedidas. Pode ser uma pessoa na sua empresa, o melhor aluno da sala, um esportista campeão, o seu colega que foi promovido. Tirando os elementos extras como "sorte", geralmente, profissionais que se destacam atingem esse patamar construindo seus próprios méritos.

E uma das coisas que contribuem para isso é a insistência e a constância. Muitas vezes caímos na tentação de só fazermos o nosso melhor trabalho quando estamos motivados (escrever um texto ou estudar algo novo, por exemplo), somente no dia que acende aquela faísca de criatividade ou inspiração ou somente quando temos vontade. Ficarmos a cargo de momentos de inspiração e vontade nos torna inconsistentes, pois só faremos algo "de vez em quando".

Se só procuro me aperfeiçoar somente quando tenho vontade, significa que estou sendo inconsistente e inconstante. Vou pegar como exemplo o meu dia a dia, enquanto professor. Não posso querer ser um bom profissional estudando e me preparando para minhas aulas somente quando me sinto motivado (claro que a motivação torna tudo mais fácil). Se eu me preparar o tempo todo, criando uma rotina, independente do meu nível de motivação no dia, estarei entregando o meu melhor trabalho.

Daí vem a primeira dica: crie um hábito, trabalhe com rotinas de modo a se sentir "motivado" todos os dias naquela mesma hora.

Como já tratei até mesmo neste livro, devemos sempre buscar manter a nossa motivação em alta (afinal, isso torna as coisas e o trabalho bem mais fácil), entretanto, nem sempre isso será possível. Não importa a sua intenção de se tornar o melhor (seja no que for), se você só faz o trabalho relacionado quando você está motivado. Deste modo, você nunca será consistente o suficiente para se tornar um grande profissional (e isso faz toda a diferença entre alguém com espírito profissional e alguém com espírito amador).

A capacidade de se comprometer com suas metas dedicando-se "todos" os dias, cumprindo uma programação com passos para alcançá-las – é algo muito valioso - diria que é praticamente 99% do que precisamos para nos tornarmos melhores.

Podemos comprovar isso em atividades simples do nosso dia a dia. Quem pratica exercícios físicos sabe que quando não se falta aos treinos, alcançamos a melhor forma física. Quando escrevemos todos os meses ou semanas, passamos a escrever melhor. Quando estudamos todos os dias, aprender coisas novas fica muito mais fácil.

É algo simples e bastante poderoso. Mas por que é tão difícil de se fazer?

O grande problema (principalmente antes de atitudes virarem hábitos) é que para darmos um salto de qualidade entre o amador e o profissional, não é algo fácil; é "doloroso". Daí vou aproveitar o mantra dos esportistas "no pain no gain" ("sem dor, não há ganho").

Na verdade, ser um profissional é difícil. Principalmente porque na maioria das vezes nos somos inconsistentes. Temos objetivos definidos e sonhos de vida que gostaríamos de alcançar, entretanto, só nos dedicamos a eles ocasionalmente, quando nos sentimos inspirados/motivados ou quando "a vida nos permite". Esse é o caminho mais fácil, mas infelizmente, é também o mais longo e muitas vezes o caminho que não nos levará a atingir o objetivo.

E talvez a melhor forma de garantir consistência e constância para atingir as metas é montar um cronograma de tarefas e abraçá-lo de verdade. Claro que haverá dias que você vai sentir vontade de desistir. Mesmo com metas traçadas tem dias que não estamos com a menor vontade de cumpri-las. Tem dia que não queremos ir até a academia e fazer aqueles exercícios. Tem dia que você não quer estudar. Tem dia que você não quer escrever e nem tem a coragem de digitar uma única frase.

Mas ignorar essa falta de vontade e focar na sua meta é que te fará um profissional diferenciado, dando aquele salto de qualidade, deixando o amadorismo para trás.

Profissionais são guiados por metas muito bem definidas e, sobretudo, por um cronograma de atividades a serem cumpridas. Atitudes amadoras minam as nossas forças já que simplesmente funcionam no esquema "deixa a vida me levar". O profissional, independente da área, sabe o que é importante para ele e tem um propósito claro associado, o amador faz "conforme a urgência e possibilidade".

Não estou aqui pregando que devemos ser um workaholic, viciado em trabalhos e em metas. Não tem a ver com ser workaholic, tem a ver com ser bom em dedicar tempo para coisas que são importantes para você. E quando algo é realmente importante para nós (e provavelmente, está associada também a uma grande satisfação futura) o trabalho árduo é, de fato, importante.

A gente não se arrepende de ter que percorrer um caminho difícil se ele, realmente, nos levará ao que desejamos. Os profissionais de destaque trabalham mais do que todos os outros e é, por isso, que eles são bons. E o melhor de tudo que nós também podemos ser (e isso é a melhor coisa).

Ser um profissional está associado a um comprometimento (disciplina) para com o que é importante para você, e não em simplesmente vislumbrar que algo é importante para você. A dedicação exigida não é somente porque você quer trabalhar mais, mas porque seu objetivo é importante o bastante para você, justificando todo o seu esforço. Diferente dos amadores, um profissional transforma suas prioridades em realidade.

Diante do que foi colocado, algumas atitudes podem nos ajudar a ser um profissional com maior destaque. Não é um trabalho fácil mas talvez também não seja tão complicado quanto, muitas vezes, imaginamos.

1) Defina suas metas. Responda à pergunta: no que você quer ser bom? Ter um propósito é o primeiro passo. Se você sabe o que quer, então conseguir será muito mais fácil. É aquela velha história "se você não sabe onde quer chegar, qualquer lugar serve". Dedique um tempo para saber exatamente que tarefas você se dedicará e por quê.

2) Defina um conjunto de passos, uma programação focada na sua

meta. Depois que você já sabe o que quer, defina um cronograma com tarefas para realizar. É importante aqui não focar a sua programação nos resultados e sim nos passos para alcançá-los. Deixe-me explicar melhor: a sua atividade não deve ser "aprender inglês" em 6 meses. "Aprender inglês" não é uma ação que você pode realizar; a ação, neste caso, deve ser algo do tipo, "estudar o verbo *to be*" (isso sim você consegue fazer).

3) Definir um cronograma de menor escopo de tempo (um passo de cada vez). A maior parte das nossas metas podem levar meses e até anos para serem alcançadas e, nestas situações, se a gente ficar pensando no quão difícil será cumprir um calendário tão extenso, corremos o risco de nos perder. Assim, o ideal é ir "um pouquinho por vez". Como se diz na computação: "dividir para conquistar". Foque nas atividades para esta semana, comprometendo-se a cumpri-las integralmente e, depois sim foque novamente na próxima semana. Por uma semana, faça as coisas que você quer fazer, evitando as distrações. Na próxima semana, comece de novo. Mais importante que ter um cronograma definido é cumprir com o planejado.

Você não está sozinho nesta caminhada. Vou relatar minha própria experiência. Em 2015 decidi que gostaria de escrever textos e publicá-los no LinkedIn.

Escrevi o meu primeiro texto (que não foi lido por quase ninguém), mas defini que minha meta era produzir conteúdo, discutindo temas que eu gostava e, para isso, estabeleci como meta produzir pelo menos um texto a cada 15 dias. Ou seja, um ano gostaria de ter escrito 24 textos.

Pouco mais de um ano depois havia produzido mais de 70 textos (bem acima daquilo que eu havia estabelecido). E, três anos depois escrevi esse livro. Mas para isso foi importante me dedicar e manter uma programação focada na minha meta.

A INSPIRAÇÃO DA MOLÉCULA DE ÁGUA

Engraçado como coisas simples nos inspiram profundamente, não é mesmo? Vendo a imagem de uma molécula de água (a famosa fórmula H2O) imediatamente me veio o seguinte pensamento: como duas substâncias simples H (hidrogênio) e O(oxigênio), ambos gasosos, se juntam e formam algo completamente diferente, muito mais "complexo" com características complemente novas? Veio à minha cabeça as aulas de química e uma reflexão sobre nós enquanto profissionais.

Assim também é nossa vida profissional e o quanto podemos aprender com essa história de moléculas, elementos químicos, tabela periódica. Parece um analogia meio louca, mas explico o que quero dizer.

Nós, profissionais de qualquer área, nos caracterizamos por termos várias habilidades e competências que nos moldam, criam uma imagem nossa perante os outros e vão, muitas vezes, ditar as oportunidades que teremos na vida profissional.

Quando começamos nossas carreiras vamos aos poucos "adquirindo" os elementos químicos simples (como o hidrogênio e o oxigênio) – que são as habilidades e competências, que ainda convivem de maneira separada, cada um ocupando um lugar isolado como numa "tabela periódica pessoal".

A experiência e dedicação nos permitem adquirir novos elementos, ampliar as nossas bases e lançar em novos voos, combinando os diversos elementos, "criando" moléculas mais complexas (como a água), elevando-nos de nível na vida profissional. E são essas moléculas mais complexas que abrirão as portas para que alcancemos níveis mais altos em nossas carreiras.

Portanto, quem está começando profissionalmente ou quem se sente estacionado, deve buscar de toda maneira ampliar sua gama de elementos químicos (habilidades e competências) mas sem esquecer de fazer o mais importante, combiná-los de todas as formas moldando substâncias mais e mais complexas (isso te fará um profissional diferenciado).

Mas que tipo de habilidades deveríamos focar para, aos poucos, irmos aumentando o nosso acervo profissional? Bom, vou listar apenas algumas que acredito poderão dar uma boa base para gerar "substâncias complexas" e elevar o nosso nível enquanto profissionais, independe da área de atuação.

- "Elemento químico 1 - Visão de Negócios": um profissional antenado deve ter uma boa compreensão da parte estratégica da empresa, o que exigirá uma visão de negócios que permitirá, por exemplo, assumir funções ligadas ao processo de tomadas de decisões que permitam à empresa atingir os seus objetivos. Portanto, não fique restrito apenas ao seu setor de atuação, procure conhecer como a sua empresa funciona como um todo.
- "Elemento químico 2- Capacidade de Gestão de Pessoas e Projetos": um profissional deve saber gerir e conduzir projetos em equipe, ajudando a definir metodologias, políticas internas e lidar com possíveis conflitos.
- "Elemento químico 3 -Relacionamento interpessoal": esta é uma das habilidades que as empresas mais valorizam entre os profissionais. Vale muito a pena desenvolver a capacidade de lidar do modo mais harmônico possível com as interações com os outros e com o ambiente de trabalho.
- "Elemento químico 4 – Capacidade de Inovar": Nesta época de

profundas e grandes mudanças que vivemos, num mundo de empresas altamente dinâmicas, um bom profissional deve estar aberto às inovações e, se possível, deve ser um agente promotor dessas inovações.

- "Elemento químico 5 - Dominar idiomas": a aquisição de novos conhecimentos que nos permitem dar um salto de qualidade em nossas vidas profissionais, em muitos casos, exige o domínio de outros idiomas. Seja para leituras, estudos, oportunidades de aperfeiçoamento e pesquisa no exterior.
- "Elemento químico 6- Criatividade": Num mundo marcado por incertezas e complexidades, ser criativo é fundamental. Não é à toa que essa habilidade é vista com muitos bons olhos pelas empresas que enxergam nos profissionais criativos a possibilidade de se destacar com relação aos concorrentes.
- "Elemento químico 7 – Liderança": Ser um protagonista é certamente uma das formas de se destacar e se valorizar profissionalmente. É importante ter voz ativa, ajudando na elaboração de estratégias que possam conduzir as pessoas e a corporações a atingir seus objetivos.
- "Elemento químico 8 - Capacidade de questionamento": uma postura questionadora pode ajudar a desafiar os modelos existentes, buscando novos e melhores padrões que podem ser decisivos para alcançar o sucesso.
- "Elemento químico 9 - Conhecimento técnico e intelectual": O profissional estagnado é alguém fadado ao insucesso. Quem quer crescer deve buscar adquirir continuamente novas competências (comportamentais e interpessoais) e também adquirir conhecimento técnico e intelectual que permitam avançar do ponto de vista profissional.
- "Elemento químico 10 – Pensar de modo Analítico": A habilidade de analisar e compreender os problemas do dia a dia em todas as suas partes e, consequentemente, a compreensão profunda do todo, são características vitais para o desenvolvimento de boas soluções. O pensamento analítico permite lidar com os problemas de forma criativa, avaliando os riscos e propondo as soluções que maximizem os resultados.

Claro que essas são apenas algumas habilidades que são relevantes para os profissionais, existindo várias outras. Mas o mais importante de tudo, a reflexão que eu gostaria de deixar aqui é a seguinte: mais importante do que simplesmente acumular habilidades e competências é combiná-las para que, assim como no exemplo da molécula de água, transformemos Oxigênio e Hidrogênio em novas e mais completas moléculas/habilidades (H2O).

ESCAPE DO CULTO DA MÉDIA

Estava lendo um livro durante uma viagem e uma frase chamou bastante a minha atenção: "escape do culto da média". Daí ela me fez pensar no quanto muitas vezes nos contentamos apenas em ser medianos, em todos os aspectos das nossas vidas e, como isso, pode ser um fator limitante profissionalmente ou até mesmo pessoalmente. O pior de tudo é que a maioria das pessoas parecem ficar satisfeitas e acomodadas em "estar na média".

-"Faço isso tão bem quanto os outros",
-"Não sou melhor e nem pior que ninguém nessa tarefa!"

Para tentar elucidar o que estou querendo falar, imagine um gráfico de dispersão. Imagine que neste gráfico existem vários pontos distribuídos, onde cada ponto pode, por exemplo, representar um indivíduo (eu, você, os outros...), e cada eixo uma variável qualquer (por exemplo, nossas habilidades ou comportamentos, de um modo geral).

O gráfico de dispersão é usado em pesquisas para indicar a presença de uma tendência, um comportamento "padrão" entre os indivíduos. Mas se observarmos muitas vezes, existem os chamados outliers, (pontos "estranhos") acima ou abaixo da curva (chamados de pontos "fora da curva"). E são sobre esses pontos que gostaria de falar agora.

Se cada ponto é um indivíduo e as posições representam suas habilidades, são justamente os que se encontram "fora da curva" que se diferenciam e, certamente, se destacariam com relação aos demais.

Portanto, creio que precisamos justamente fugir da média. O nosso foco deve ser sempre ficar fora dela (acima ou abaixo, dependendo do contexto). Pessoas que sempre estão na média não vão conseguir se destacar dos demais, será apenas mais um dentre muitos.

Pensando sobre isso descobri que, de alguma forma, sempre que eu consegui me destacar em algo foi justamente por não querer ser apenas mais um, uma pessoa igual a tantas outras, alguém na média. E isso não tem nada a ver com se sentir superior aos demais, menosprezando alguém.

Mas o que poderia fazer para ser justamente esse ponto fora da curva? Acredito que precisamos seguir um ciclo que nos permita diferenciar dos demais e nos destacarmos, seja qual for os nossos objetivos. Esse ciclo é baseado numa percepção da minha experiência pessoal, mas acho que se aplica a todos nós. Um ciclo composto por cinco passos: ambição, confiança, dedicação, perseverança e coragem.

Tudo começa com a ambição. Se não sonharmos e não desejarmos algo e não estabelecermos um objetivo, ficaremos sempre no mesmo lugar. É para a frente que se anda! O primeiro passo é pensar o que queremos alcançar. Qual é sua ambição? Por exemplo, no aspecto profissional pode ser alcançar um novo cargo dentro da empresa, ser promovido. Isso realmente é fundamental e aprendi com meus pais. A gente precisa querer "ser alguém na vida" e a partir daí estabelecer os passos que te guiem para esse objetivo.

Daí vem o segundo passo: a confiança. De nada adianta ter ambição se você não confiar "no seu taco", como se costuma dizer. Precisamos nos sentir capazes e em pé de igualdade com qualquer um que também aspire objetivos similares aos nossos. Se seu colega tem condição de ser promovido, por que você não teria? Daí você pode pensar: "Ele é mais preparado que eu e está à minha frente".

Nessa hora vem o terceiro passo: a dedicação. Se ele é mais preparado, você deverá compensar isso tendo uma vontade e uma dedicação muito maior para diminuir a distância para qualquer outra pessoa e, principalmente, superá-la, de forma a fugir da média.

Entretanto, esse processo de crescimento pessoal/profissional, geralmente, é um caminho árduo e cheio de desafios. Crescer nunca é fácil e, quanto maior a sua ambição e sua dedicação, maiores serão seus desafios. E é nesse caminho de crescimento, diante das dificuldades que devemos perseverar.

A perseverança (o quarto passo) é fundamental para que sigamos em frente, sem desanimar diante das pedras no caminho. Nessa hora devemos focar onde queremos chegar, nos nossos desafios e lembrar que quanto maior for a luta maior será a nossa vitória.

Neste ponto estaremos muito próximo de atingirmos a nossa meta e, quando ela vier, devemos focar no quinto ponto: a coragem. Digo coragem porque a vitória vem recheada de novos desafios (é realmente um ciclo).

Portanto, não podemos temer e precisamos ser corajosos para manter as nossas conquistas. E mais do que isso, precisamos de coragem para não nos acomodarmos justamente para traçarmos novas ambições para, novamente, reiniciar o ciclo e, mais uma vez, garantirmos que seremos pessoas fora da média. Voltando à frase que motivou essa discussão: escape do culto da média! Sempre!

BARREIRAS QUE PODEM ATRAPALHAR SUA CARREIRA

OITO ERROS QUE MANTÉM VOCÊ ESTAGNADO NA SUA CARREIRA

Vou começar esse trecho fazendo uma referência a uma imagem simples, mas significativa, que você talvez já tenha até visto por aí. Trata-se de um cavalo amarrado a uma cadeira de plástico. E ele está lá, estático, paciente, acomodado como se estivesse preso a algo que o impedisse de sair.

Sua limitação não é física, mas mental. E essa limitação da mente e acomodação é, talvez, muito pior que a física. Ela o impede de seguir em frente e mantém estático esperando que alguém o liberte daquela situação.

E depender dos outros pode significar perder tempo demasiado ou jamais conseguir dar passos à frente. E o pior de tudo é que muitas vezes na vida podemos estar no lugar daquele cavalo, sobretudo quando falamos de carreira e de oportunidades. Muitas vezes, por comodismo ou medo, ficamos ali, tal qual o cavalo, sem enxergar que podemos dar um passo adiante e que nada nos prende.

O importante é termos coragem de olhar adiante, de sair do automático e perceber que é possível avançarmos em nossas carreiras. E o que podemos fazer para melhorar? Estes são apenas alguns erros que, ao serem evitados, podem nos ajudar. O que não podemos fazer é sequer tentar sair do lugar.

ERRO #1 – O MEDO DO NOVO

Muitas vezes grandes oportunidades surgem em nossas vidas e na nossa carreira: um cargo novo, um novo projeto, uma oportunidade de liderar uma equipe. Entretanto, o medo de assumir novos desafios nos faz recusar aquilo que pode significar um passo à frente. Não sabemos se somos capazes se não tentarmos. Não precisamos estar 100% preparados para assumir novos desafios. Muita coisa se aprende metendo a mão na massa.

Na maior parte das vezes não vamos nos sentir preparados e, se abrirmos mão talvez outros (até mesmo piores que nós) assumirão uma posição na qual nos daríamos bem. Não é uma questão de aceitar qualquer coisa, mas também não se pode se deixar paralisar. A primeira vez que aceitei um cargo "maior" me senti inseguro e com medo, mas acreditava em meu potencial. Tudo deu certo, consegui "dar conta do recado" e o melhor, diante disso novas oportunidades surgiram e hoje me sinto mais preparado. Se você não der o primeiro passo ficará para sempre no mesmo lugar.

ERRO #2 – VOCÊ SE MANTÉM DESATUALIZADO

Um dos erros mais comuns e perigosos, ao meu ver, para qualquer profissional é a falta de atualização. Independente da sua área de atuação e do seu cargo é importante saber o que se passa no mercado. Novas ferramentas, novas metodologias e tecnologias, não podem passar desapercebidas. Da mesma forma que o medo paralisa, o profissional desatualizado corre o sério risco de ficar para trás e ser ultrapassado por outros.

Leia, estude bastante, atualize-se. Conhecimento nunca faz mal à ninguém e quando uma nova oportunidade surgir ele poderá ser o combustível para sua nova jornada. Neste contexto aquela famosa frase faz muito sentido: oportunidade é um misto de sorte e de preparação.

ERRO #3 – VOCÊ NÃO ESTÁ IMERSO NA SUA EMPRESA

Uma das formas de se prosperar em uma carreira é se sentir bem e feliz no local onde trabalha. Não dá para ser feliz e dar novos passos se você não está literalmente integrado à cultura organizacional e às suas atividades. Se você não compartilha ou mesmo não concorda com as diretrizes da empresa, talvez seja hora de repensar se, de fato, aquele ambiente é para você.

Claro que a questão financeira pesa bastante em várias decisões, entretanto, não é possível se sustentar numa situação de frustração e insatisfação por muito tempo sem algum tipo de consequência. Dinheiro, sucesso e satisfação profissional podem (e devem) caminhar juntos.

ERRO #4- VOCÊ SE FECHA EM SEU MUNDO

Muitas vezes fazemos o nosso trabalho bem feito mas esquecemos de cultivar algo que pode ser muito importante: uma rede de relacionamentos. Conhecer e manter uma boa relação com seus colegas de trabalho e outras pessoas da área ou de outros setores da empresa é sempre salutar.

Não sabemos o dia de amanhã e, oportunidades surgem a todo o momento e podem vir das mãos de qualquer pessoa. Quem não é conhecido não é lembrado. Você pode ser a pessoa melhor preparada para assumir uma certa função, mas se ninguém sabe disso, de nada vai adiantar.

ERRO #5 – VOCÊ NÃO SABE A HORA DE SAIR

Esse tem a ver com o erro número 3. Às vezes, por mais doloroso e incerto que seja é importante saber o momento de mudar. Falta de motivação, de oportunidades, de reconhecimento ou mesmo insatisfação podem dar indícios de que é chegada a hora de respirar novos ares (seja num novo setor, numa nova função ou mesmo numa nova empresa). O que, muitas vezes, pode parecer um tiro no escuro pode na verdade ser um tiro certeiro bem no centro do alvo. Como diz a sabedoria popular: quem não arrisca não petisca.

ERRO #6- VOCÊ ESTÁ ESTAGNADO HÁ UM BOM TEMPO

Manter o seu desempenho pode significar que você seja bom no que faz, mas isso não significa que poderá dar um passo adiante. Se seu desempenho, seu conhecimento e tudo que você faz é exatamente o mesmo de um ou dois anos atrás, isso pode ser sinal de estagnação.

ERRO #7 – VOCÊ NÃO TEM E NEM DEMONSTRA AMBIÇÃO

Claro que ter ambição profissional é algo bem pessoal, entretanto, ser ambicioso é o primeiro passo para progredir na sua carreira. A ambição é o que te fará motivado à promover as mudanças necessárias para alçar novos voos. Demonstrar ambição pode ser a oportunidade de ser lembrado por sua rede de contatos, afinal, é mais fácil oferecer oportunidades àqueles que demonstram querê-las.

ERRO #8 – VOCÊ NÃO SE FORTALECE COMO MARCA

Da mesma forma que um produto precisamos nos fortalecer enquanto marca pessoal. Fazer marketing pessoal não significa se exibir mas deixar que os outros saibam sobre suas habilidades e potencial. Se possível torne-se um perito na sua atividade, estude, prepare-se, busque novas e melhores maneiras de fazer o que você faz. As oportunidades tendem a ser oferecidas aos melhores profissionais.

CINCO ERROS QUE COMETEMOS EM BUSCA DE EMPREGOS OU MELHORES OPORTUNIDADES

Vejo muitas pessoas reclamando da falta de oportunidades que a vida oferece, em termos profissionais. Muitas vezes parentes, conhecidos e amigos que simplesmente "se entregaram" e acreditam que estão condenados à uma vida profissional limitada em oportunidades e em salários.

"É o que eu tenho, é o que eu posso, é o que a vida reservou para mim" – dizem.

Claro que nosso país passa por dificuldades e conseguir um emprego hoje em dia não é fácil. O que quero chamar a atenção é que muitas vezes as pessoas têm a oportunidade lutar com muito mais armas, de estar muito mais preparadas para alçar voos mais altos e alcançar melhores oportunidades e não o fazem.

Sempre vale lembrar que:

SUCESSO = OPORTUNIDADE + PREPARAÇÃO

Ou seja, oportunidade é uma variável não controlável, vai depender muitas vezes dos outros. Entretanto, a preparação "só" depende de você!

Precisamos ser mais ambiciosos e menos conformistas. O conformismo é um dos maiores inimigos que podem travar a nossa vida profissional. Ser derrotado faz parte do jogo da vida, mas preparar-se para vender caro a derrota, isso só depende de nós mesmos.

Uma coisa que me corta o coração é ver muitos jovens (não só eles), jogando fora tempo e oportunidades. Hoje existem muito mais oportunidades de aprender coisas novas e se qualificar do que existiam há algumas décadas. Tantos cursos gratuitos online (e offline também), acesso farto a materiais e conteúdos que podem representar uma oportunidade de qualificação.

A seguir listo alguns pontos que julgo importantes e merecedores de uma reflexão com relação ao crescimento pessoal/profissional.

1. Não trate a sua qualificação pessoal/profissional como uma tarefa extra

Muitas vezes, aceitamos uma condição de vida como algo sacramentado, que não é mais possível alterar. De novo retomo a questão do conformismo. Se você de fato que mudar de vida, essa busca deve se tornar um hábito no seu dia a dia.

Transforme a sua qualificação pessoal numa rotina. Da mesma forma que você acorda, almoça, janta, etc. Inclua a sua qualificação pessoal como uma rotina. Seja como uma atividade diária ou semanal, procure ser rigoroso neste aspecto.

Reserve um tempo para aprender algo novo, seja um idioma, uma nova tecnologia, um novo aplicativo ou ferramenta...O importante é sempre ser ativo. E se não trouxer benefícios diretos, mal também não fará. Sempre é tempo de aprender algo novo e ampliar a sua preparação para quando surgirem as oportunidades.

2. Aproveite bem o tempo, evitando distrações

Muitas vezes, perdemos muito tempo em atividades que não são tão proveitosas. Vale à pena olharmos de maneira crítica o quanto gastamos tempo usando o celular ou o computador para coisas que não agregam tanto.

Não precisa ser radical e abolir as redes sociais de entretenimento, mas é sempre bom perceber o quanto do nosso tempo estamos usando neste tipo de atividade.

Às vezes gastamos horas inteiras navegando pelo Facebook, Twitter, Snapchat e Instagram, vendo o que os outros estão fazendo ou mesmo rindo dos memes.

A mídia social é a melhor versão de nós mesmos, mas nunca é a imagem completa. Ela inclusive pode servir como um elemento de desmotivação. Um lugar cheio de pessoas felizes, satisfeitas com seus empregos, recheado de infinitas fotos de horas felizes após o trabalho. E para quem não está feliz, isso pode incomodar e atrapalhar.

Diversão é importante mas não deixe que as mídias sociais apenas sirvam para isso. Quando bem utilizadas elas também podem ajudar bastante, agregando conhecimento útil e revelando muitas oportunidades.

3. Não tenha medo de se expor

Se você está em busca de um emprego ou mesmo em busca de oportunidades novas (na sua área ou em outra) deixe com que as pessoas saibam. Seus amigos, colegas, amigos de amigos, todos podem ajudá-lo.

Eu mesmo já deixei de indicar oportunidades de emprego para outras pessoas simplesmente por não saber que elas estavam precisando ou desejando um novo emprego. Não precisamos fingir que está tudo bem se realmente não estiver. Um sorriso falso de satisfação pode ser uma indicação de oportunidade perdida.

Lembre-se: a ajuda e as oportunidades podem vir de lugares surpreendentes. Quando você socializa seus desejos, sai de uma busca solitária, expandindo seu círculo, fazendo com que outras pessoas além de você também estejam cientes e te ajudem na busca de novas oportunidades.

4. Não esqueça de dizer, obrigado

Outro erro que muitas vezes nós cometemos é de não agradecer as pessoas, mesmo diante de oportunidades que não deram certo. Numa entrevista de emprego, por exemplo, agradeça a quem te entrevistou.

Não é porque não deu certo naquele momento que as pessoas que você conheceu numa entrevista, jamais serão vistas novamente. Encare-as como potenciais chefes e colegas de trabalho. Uma mentalidade negativa nos faz negligenciar o envio de agradecimentos.

Lembre-se que todos são uma conexão potencial. Ser positivo e grato mesmo diante da rejeição mantém uma porta aberta. Um simples agradecimento pode ser a diferença entre uma empresa manter seu currículo ou jogá-lo fora.

5. É você que está no controle

Enquanto as tão desejadas oportunidades não vêm, jamais se acomode. Enviar currículos e aguardar o tão sonhado emprego sem se movimentar para se tornar um profissional melhor é terceirizar o seu sonho. Não pergunte quais oportunidades os outros estão criando para você, pergunte a si mesmo quais oportunidades você pode criar.

Mudar de vida é uma decisão sua e não das outras pessoas. Elas são importantes e podem até te ajudar, mas é você que está no controle. Mudar é algo desafiador, mas também gratificante. E cada erro e obstáculo acaba sendo uma chance de crescer e aprender. As pedras no caminho podem ser usadas para construir o seu castelo no futuro.

POR QUE VOCÊ SE SENTE OCUPADO O TEMPO TODO? (QUANDO NÃO ESTÁ REALMENTE)

Sobrecarregado? Sem tempo para nada? Esta é muitas vezes a sensação que temos no nosso dia a dia. Parece que estamos mais ocupados do que nunca, mas isso não é bem a verdade, segundo alguns estudiosos.

Algumas características associadas à vida moderna parecem servir de argumentos para justificar o quão ocupados estamos no nosso dia a dia.

Em um mundo industrializado, um grande número de pessoas dizem que estão sobrecarregados com trabalho, o que lhes custa tempo com a família e amigos. E é possível que as pessoas mais oprimidas nem tenham sido questionadas sobre esse sentimento: isto é o que mostra um estudo que, curiosamente, ressalta que uma das principais razões para que as pessoas se recusem a participar de pesquisas é ... que elas se sentem muito ocupadas!

A nossa suposição sobre essa sobrecarga de trabalho parece simples: nós sentimos muito mais ocupados atualmente, porque temos muito mais a fazer. Mas essa é uma suposição errada. O tempo total que as pessoas dedicam ao trabalho - seja remunerado ou não - não tem aumentado na Europa ou na América do Norte nas últimas décadas.

Pais modernos que se preocupam se estão gastando tempo suficiente com seus filhos gastam significativamente mais tempo do que em gerações passadas. As mudanças que se notam ao longo dos últimos 50 anos é que as mulheres reduziram mais o trabalho sem remuneração (por exemplo, trabalhos domésticos) e aumentaram a carga de trabalho remunerado, e com os homens se deu o processo inverso, segundo levantamentos da Universidade de Oxford.

Mas as quantidades totais de trabalho são as mesmas. Além do mais, os dados também mostram que as pessoas que se dizem ocupadas, muitas vezes não estão. E o que pode estar acontecendo?

Parte da resposta está ligada à economia. Como as economias crescem, e os rendimentos das pessoas têm aumentado ao longo do tempo, o tempo literalmente se tornou mais valioso: qualquer hora vale mais, então nós experimentamos maior pressão para dedicarmos mais ao trabalho.

Outra explicação é também resultado do tipo de trabalho em que muitos de nós estamos envolvidos. Em épocas anteriores, dominadas pela agricultura ou trabalho nas fábricas, o trabalho eminentemente físico era pesado - mas havia certos limites. Não se podia colher antes de estarem na época certa; também não era possível fabricar mais produtos se não houvesse matéria prima farta disponível.

Mas atualmente, na era do "trabalho do conhecimento", isso mudou. Nós vivemos em um mundo "infinito". Há sempre mais e-mails na caixa de entrada, mais reuniões, mais coisas para ler, mais ideias para acompanhar - e com a tecnologia digital móvel significa que você pode facilmente acrescentar mais alguns itens na sua lista de afazeres esteja onde estiver: em casa, no trânsito, ou na academia.

O resultado, inevitavelmente, é uma sensação de sobrecarga: somos seres humanos finitos, com energia e capacidade finitas, vivendo num meio com quantidade infinita de possibilidades. Sentimos uma pressão social para "fazer tudo", no trabalho e em casa, o que torna tudo muito difícil; é matematicamente impossível lidarmos com isso. Com esse tipo de pressão de tempo, acabamos vivendo com o "olho no relógio".

Mas pesquisas sobre aspectos psicológicos demonstram que este tipo de comportamento, de conscientização constante de tempo, na verdade leva a um pior desempenho. A consequência irônica desse sentimento de "sempre ocupado" é que lidamos com nossas listas afazeres de modo pior do que se nós não fôssemos tão apressados.

O cientista comportamental Eldar Shafir descreve isto como um problema de "largura de banda cognitiva": sentimentos de escassez (de dinheiro ou tempo) alimentam a mente, prejudicando, dessa forma, a tomada de decisões.

Quando você está ocupado, fica mais propenso a fazer escolhas ruins de gerenciamento de tempo – assumindo compromissos que não consegue lidar, ou priorizando tarefas insignificantes como se fossem cruciais. Um círculo vicioso entra em ação: seu sentimento de estar ocupado te deixa ainda mais ocupado do que antes.

Sem dúvida, o pior de tudo é que essa mentalidade se espalha "infectando" o nosso tempo de lazer – e, deste modo, mesmo quando a vida finalmente permitir que tenhamos uma hora ou duas de descanso, acabamos sentindo que deveríamos ter gasto esse tempo de forma mais "produtiva".

A coisa mais perniciosa é esta tendência que temos de aplicar a produtividade para todos os aspectos da nossa vida que deve, por sua natureza, ser desprovida desse critério. O simples ato de tirar uma fotografia que é, em tese, um hobby, pode virar um fardo e um motivo de estresse para quem sente a necessidade, quase obsessiva, de publicar tudo nas redes sociais. Daí se não consegue tirar a foto ou falta sinal de internet, aquilo se torna um fardo.

Se existe uma solução para a epidemia de ocupação que todos sofremos, que não seja a aplicação universal de finais de semana de quatro dias – ela pode estar em perceber claramente a irracionalidade em muitas de nossas ações.

Historicamente, o símbolo máximo da riqueza, da realização e da superioridade social era a liberdade para não trabalhar: o que era visto como um verdadeiro distintivo de honra, no século anterior, era o lazer. Agora, é a ocupação que se tornou o um indicador de status, algo por vezes velado. As pessoas consideradas vencedoras em nossa sociedade são muitas vezes muito ocupadas. Pessoas importantes estão sempre ocupadas.

Para vermos o quão absurdo pode ser este modo de encarar as coisas, considere uma história sobre um chaveiro. No início de sua carreira, ele simplesmente não era muito bom nisso: ele levava um tempo muito longo para abrir a porta e costumava quebrar a fechadura.

Ainda assim, as pessoas estavam felizes em pagar pelo seu serviço e ver como ele fazia o trabalho. Como ele ficou ainda melhor e mais rápido, as pessoas começaram se queixar do preço do serviço (era caro para algo feito tão rapidamente). As pessoas não valorizavam o fato de ele proporcionar o acesso à casa ou carro mais rapidamente. Mas o que realmente queriam era ver o chaveiro dispondo de tempo e esforço - mesmo que isso significasse uma espera mais longa.

Muitas vezes, tomamos uma atitude semelhante não apenas com relação à outras pessoas, mas a nós mesmos: medimos nosso valor não pelos resultados que alcançamos, mas por quanto do nosso tempo gastamos.

Vivemos vidas corridas, frenéticas, pelo menos em parte, porque isso nos faz sentir bem. Entretanto, se pensarmos bem, isso parece não fazer muito sentido. Talvez pudéssemos parar tempo suficiente para perceber o que realmente vale a pena, se não estivéssemos tão ocupados.

AS REDES SOCIAIS E A CARREIRA PROFISSIONAL

O QUE AS EMPRESAS ANDAM PESQUISANDO SOBRE VOCÊ NAS REDES SOCIAIS

Cuide bem da sua alma digital. Vivemos em um momento bem interessante da nossa história, uma época em que a tecnologia digital tem presença muito forte nas relações sociais, provocando impactos em todos os aspectos da vida.

Trata-se de uma presença ampla e onipresente da tecnologia que, na maior parte do tempo, a gente nem nota que ela está lá.

Boa parte das pessoas hoje está digitalmente engajada apresentando, inclusive, novos hábitos: usar o WhatsApp para convidar um amigo, enviar propostas por e-mail, comprar de lojas on-line, transformar o Facebook num diário digital, postar no LinkedIn o currículo... São tantas as atividades que transferimos ou complementamos no mundo digital que isso deixa rastros permanentes sobre nossas vidas neste ambiente on-line.

Todos esses rastros se transformam na nossa "alma digital". A alma digital inclui, portanto, nossa interação com sites, blogs ou canais no Youtube, e-commerce, conversas em redes sociais, e-mails, preferências de consumo, histórico do navegador, registros de geolocalização, etc. Trata-se de todo tipo de informação sobre nós que são fornecidas, intencionalmente ou não, e coletadas. Para se ter uma ideia, em cerca de 1 segundo, aproximadamente 22574 GB de dados são transferidos pela internet.

E o pior de tudo é que nossa alma digital é eterna, ela "jamais" poderá ser apagada, por mais que cancelemos nossas contas de e-mails, redes sociais ou qualquer serviço na internet. Até mesmo por uma alegada questão de segurança, esses dados estão, de algum modo, eternizados nos computadores das empresas responsáveis pelos serviços.

Diante desse cenário precisamos estar devidamente preparados para explorar com efetividade e inteligência os recursos da era digital, mas precisamos também cuidar (e muito bem) da nossa alma digital. Que imagem queremos deixar para a posteridade ou para um futuro próximo?

É sua alma digital que vai ajudar a formar, muitas vezes, a imagem que as pessoas têm sobre você. Essa alma digital que indica suas preferências pessoais, sua forma de se relacionar com a sociedade e até mesmo informações sobre a sua carreira. E quando falamos de vida profissional então e oportunidades de emprego, devemos ficar muito atentos aos nossos rastros.

Sem querer entrar no mérito do que é certo ou errado, do que é ético ou não, a verdade é que acessar na internet os perfis dos candidatos a uma vaga de emprego é prática corriqueira de recrutadores. E esse tipo de atitude não é nada novo, conforme indicam algumas pesquisas como a divulgada pela empresa de monitoramento de mídias sociais Reppler, cerca de 91% dos recrutadores nos EUA confirmam visitar o perfil dos profissionais que estão participando de um processo seletivo.

E um percentual grande de 69% dos recrutadores rejeitou um candidato com base no conteúdo encontrado nos seus perfis de redes sociais - uma proporção quase igual aos de recrutadores (68%), que, ao contrário, contrataram um candidato com base nas informações vinculadas à sua presença nessas redes.

E o curioso é que a maioria busca conhecer mais sobre os candidatos não somente em redes profissionais como o LinkedIn. Neste aspecto, o Facebook ou o Twitter, por exemplo, podem jogar contra.

E os motivos que mais marcam negativamente a alma digital de um candidato envolvem fotos e comentários inapropriados, postagens ligadas ao uso de bebidas ou drogas, comentários negativos ou com informações sigilosas sobre empregos anteriores, linguagem escrita pobre, comentários preconceituosos, falsas informações sobre qualificações.

Já os motivos que marcam positivamente são:

- Impressão positiva da personalidade e adequação à empresa (39%);
- Perfil condizente com as qualificações profissionais (36%);
- Perfil mostra que o candidato é criativo (36%);
- Perfil mostra sólidos níveis de comunicação (33%);
- Perfil mostra um candidato bem equilibrado (33%);
- Candidato tem boas referências postadas por outras pessoas (34%);
- Candidato recebeu algum tipo de premiação ou elogio (24%).

A alma digital funciona como uma "amostra grátis" da personalidade da pessoa. Em tempos de mídias sociais todo mundo é julgado pelo que se posta, podendo ser rotulado de extrovertido ou tímido, preconceituoso, inteligente, carismático, proativo.

E é essa imagem (falsa ou não), que será projetada, indicando, como possivelmente você irá se comportar no ambiente de trabalho. Infelizmente muita gente ainda não se deu conta de que as redes sociais podem influenciar suas carreiras e ter reflexos diretos na sua vida profissional.

E esse assunto tem se tornado cada vez mais relevante que o próprio Facebook trabalha com pesquisas em algoritmos de inteligência artificial que aconselham pessoas a não publicar "selfies vergonhosas".

Com as redes sociais ocupando um lugar de destaque também nas questões relacionadas à carreira, é importante prestar muita atenção a tudo o que é divulgado por meio delas. Cuidar da nossa alma digital é preciso. A ideia não é cercear a liberdade das pessoas, mas precisamos pelo menos refletir até que ponto tudo o que colocamos na rede vai jogar contra ou a nosso favor.

COMO SEU PERFIL EM REDES SOCIAIS PODE TE AJUDAR OU ATRAPALHAR

Segundo profissionais recrutadores da empresa Mons-ter.com o seu perfil em mídias sociais pode ser um risco. Ele pode, inclusive, impedir o seu progresso profissional ou até mesmo interromper a sua carreira.

Ter um perfil em redes sociais é algo bastante comum. Entretanto, o que muita gente não percebe é que este perfil é uma espécie de "marca pessoal" online. Cada vez mais é bastante comum que a primeira experiência de uma pessoa com você se dê através de seus perfis em redes sociais. Antes mesmo de conhecê-lo pessoalmente algumas pessoas e, inclusive, recrutadores de empresa, verificam a forma como você aparece em meio às redes sociais.

Se você quiser conseguir o emprego ideal, ou recrutar grandes candidatos, ou construir parcerias, ou abrir as portas para novos clientes, você precisa construir uma imagem digital que seja consistente com quem você é no mundo real e que também seja atraente do ponto de vista profissional. Perfis de mídia social não tão adequados, segundo a Monster.com, tipicamente se enquadram em uma das seguintes categorias que devem ser evitadas:

1. Perfil impreciso

Perfis que estão desatualizados, com informações imprecisas ou inconsistentes com quem você é no mundo real, irão jogar contra você. Eventualmente, aqueles que veem o seu perfil vão descobrir as imprecisões e sua marca pessoal ficará manchada.

De descrição de suas habilidades até sua visão de mundo, inconsistências entre as várias ferramentas de mídia social são muito fáceis de serem descobertas. Você precisa garantir a consistência entre plataformas. Lembre-se: é importante ser você mesmo quando participa das redes sociais. E, claro, você precisa manter o conteúdo do seu perfil relevante e, ao mesmo tempo, condizente com a realidade.

2. Perfil Disperso

Isso significa que você não tem informação suficiente para que as pessoas entendam quem você é. Isso pode indicar que você não tem perfil em redes sociais, o que pode te deixar invisível (quem não se mostra tem poucas chances de ser descoberto). Ou poderia apenas mostrar que você não leva as mídias sociais à sério e não é um profissional experiente nessas mídias (hoje as próprias empresas desejam se vincular a esses ambientes).

Você não pode dedicar o tempo a ser ativo em uma plataforma social e, em seguida, apagar o seu perfil completamente. Ter uma representação estagnada, imprecisa de quem é você, é pior do que não utilizar as redes sociais. Não é interessante ser visto como alguém que só cria um perfil sem realmente usá-lo.

3. Perfil exagerado

Esta categoria refere-se às pessoas que transformam as mídias sociais em seu trabalho em tempo integral. Tudo o que acontece em seu mundo real é compartilhado em seu mundo virtual - resultando em excesso de postagens e superexposição.

Se as pessoas que veem seu perfil tiverem a imagem de que você está nestas plataformas sociais 24 horas por dia e 7 dias por semana, poderão deduzir que você não tem tempo para ser produtivo em outros projetos. Se você postar fotos de cada refeição que você come e de cada passo que você der, você se enquadra nessa categoria.

Resumindo: Presença nas redes sociais é importante, mas com bom senso e sem exageros.

COMO TORNAR O SEU PERFIL MAIS INTERESSANTE NAS REDES SOCIAIS

Se você mantém o seu perfil profissional em redes profissionais online (como por exemplo, o LinkedIn), vou compartilhar algumas dicas que li uma vez na Forbes.
Você pode associar imagens significativas ao seu perfil para que os visitantes saibam um pouco mais sobre você e sua personalidade. Isso pode fazer a diferença na hora de destacar uma característica que pode ser importante para alguma oportunidade de emprego.

Uma vez que você criou seu link de perfil personalizado em uma rede social, você pode usá-lo em sua assinatura de e-mail, em seu currículo e em seu cartão de visita também.

Se o ambiente online que você usa permitir, melhore seu perfil com diferentes tipos de mídias. Você pode adicionar vídeo, apresentações, imagens, documentos, complementando suas informações profissionais e ajudando as pessoas a saberem mais sobre você.

Seja criativo ao descrever suas competências. Listar competências que lhe tornem único no meio de tantos perfis iguais pode ser um grande diferencial.

Construa uma apresentação no Slideshare e adicione ao seu perfil. Um Slideshare é como uma apresentação do PowerPoint que um visitante pode clicar para saber o que você pensa e como você se comunica. Você pode construir uma apresentação no Slideshare grátis e exibi-la junto ao seu perfil. Escolha falar sobre tópicos de seu interesse e que possam acrescentar um "algo mais" às suas informações profissionais.

Escreva textos ligados à sua área de atuação isso gera autoridade e ajuda a destacar o seu perfil.

Atualize a sua foto de perfil. Mesmo em uma rede com foco profissional, sua foto de perfil não precisa ser formal. Escolha uma foto que te mostre como uma pessoa com uma vida fora do trabalho e uma personalidade. Uma boa foto "humaniza" a sua presença na rede e torna muito mais fácil que as pessoas cheguem até você.

ESTRATÉGIAS PARA ESCREVER ARTIGOS E GERAR AUTORIDADE

Quem me acompanha nas redes sociais sabe que costumo escrever, principalmente, textos sobre tecnologia, educação e carreira. Entretanto, quando comecei a publicá-los jamais imaginei que tantas pessoas se interessariam e me acompanhariam. Isso me deixa muito lisonjeado e, para um simples professor, é um motivo de orgulho (ainda mais em meio a uma rede tão cheio de personalidades do mundo empresarial, jornalístico e artístico).

E até mesmo por trabalhar com alunos e vivenciar no mundo acadêmico essa realidade da escrita científica (artigos, monografias, relatórios, etc.), eu percebo que muitas estratégias que usamos na sala de aula podem ser usadas para escrever artigos ("não científicos") em ambientes como as redes profissionais.

Também sei que muitas pessoas têm o desejo de começar a produzir seus próprios textos, participando da rede de maneira mais ativa e isso envolve a escrita de posts e, principalmente também, de artigos atrelados ao perfil.

E produzir conteúdo é algo que, realmente, vale à pena. Claro que poder ler o que os outros escrevem traz muitos aprendizados, mas poder também contribuir, produzindo seu conteúdo, compartilhando suas visões e experiências é muito gratificante. Além dessa satisfação pessoal, tem também o aspecto profissional. Escrever e compartilhar traz maior visibilidade e o conteúdo ajuda a melhorar a sua autoridade sobre a(s) área(s) que você escreve.

E uma das principais dificuldades é justamente por onde começar... Queria aqui compartilhar algumas dicas que eu uso para pensar os meus textos, talvez elas possam ser úteis e servir como um incentivo para seu primeiro (ou próximo) texto. Para isso, vou tentar fazer uma coisa diferente... escrever um pequeno texto de exemplo, dentro deste texto, para tentar ilustrar como se dá esse processo.

O primeiro passo de todos é pensar sobre o que você irá escrever, tudo parte de uma ideia inicial. Mas como ter uma ideia? As ideias surgem a partir de leituras (ler é uma ótima forma de se ter insights), a partir da vivência com outras pessoas (colegas de trabalho, por exemplo), a partir das suas experiências profissionais e pessoais diárias.

A ideia de escrever este texto, por exemplo, surgiu depois de olhar para algumas monografias de alunos e lembrar de toda a dificuldade que eles apresentam ao ter que escrever seus primeiros trabalhos científicos.

De posse da ideia (tema do texto), algumas dicas são importantes antes de começar a estruturar o seu texto:

- Escreva como se conversasse com o leitor (use uma linguagem "simples");
- Escreva para pessoas de diversas áreas (lembre-se que seu texto, possivelmente, será lido por profissionais de áreas diferentes da sua. Um termo que pode ser claro para você, pode não ser do domínio de outro profissional e, nestas situações, deve ser bem explicado);
- Seu texto deve ser atrativo e útil para o leitor (com a grande oferta de conteúdo, somente os que se destacam e despertam o interesse serão lidos);
- As pessoas valorizam qualidade e não quantidade (número de palavras, horas de escrita, etc.);
- O texto deve refletir e ser condizente com a mensagem que você deseja passar;
- O texto deve ter uma sequência lógica, sendo formado por partes que são igualmente importantes (introdução, discussão e conclusão);
- O ambiente de escrita na internet evolui rapidamente: prepara-se para inovações e vocabulários próximos ao seu público-alvo;

- O texto não requer amontoados de regrinhas, mas pensamento lógico e simples. Regras são úteis apenas se usadas corretamente;
- A boa redação exige planejamento prévio e criatividade;
- Seu texto conta uma história: torne-a agradável, porém sólida.

Depois destas dicas vamos ver algumas estratégias que podem auxiliá-lo nesta tarefa. Deixo claro que essa é uma das formas que eu uso. Claro que existem outras formas de se pensar um texto, nada precisa ser engessado. Trata-se apenas de um "guia", afinal, não existem fórmulas mágicas ou fórmulas corretas. Apenas quero compartilhar uma forma.

Todo texto deve ter uma estrutura já bastante conhecida com INÍCIO, MEIO e FIM. Nesta estrutura você introduz as suas ideias (INÍCIO), discute e detalha essas ideias (MEIO) e finaliza, concluindo a mensagem que você deseja passar (FIM). Uma vez que você tenha definido sobre o que vai escrever (tema) é hora de começar a debruçar sobre essa estrutura.

Comecemos pelo INÍCIO, detalhando um pouco mais que você pode escrever aqui. Que tal dividir esse INÍCIO em três parágrafos?

- Parágrafo 1: indique o ponto principal (tema) sobre o qual vai escrever;
- Parágrafo 2: indique o objetivo do seu texto com relação ao tema (quais aspectos vai abordar);
- Parágrafo 3: indique a importância de o leitor conhecer esse tema.

Antes de começar a escrita, planeje cada tópico (informação) a ser desenvolvido (montando um "esqueleto" do texto). E para escrever um parágrafo, você pode fazer o seguinte: a sua ideia (1ª frase), argumentação da ideia (demais frases).

Procure escrever com suas próprias palavras, dando a sua cara para o texto. Se precisar de mais ideias para composição do texto, procure ler coisas correlatas, incluindo, por exemplo, dados, estatísticas, etc, que deem sustentação ao que você deseja expressar. E depois de escrever cada parágrafo, confira se o conteúdo está adequado à mensagem que você gostaria de passar.

Os primeiros parágrafos formam a introdução do seu texto, ou seja, eles trazem para o seu leitor a ideia geral do que será discutido (contextualização), isto é, o tema e a sua relevância.

Daí vale aquela máxima: a primeira impressão é a que fica. O leitor só irá continuar se ficar evidente para ele a contribuição do seu texto.

Depois da "introdução" vem a "discussão/desenvolvimento". Nesta parte, você deverá expor as ideias (parágrafos) que detalham/sustentam aquilo que foi contextualizado no início do texto. No caso específico de mídias sociais, além do texto propriamente dito, outros recursos multimídia poderão ser usados: imagens e vídeos, por exemplo. Se usar figuras dê preferências àquelas que são autoexplicativas. Elas são as melhores e, se não for o caso, o autor deverá explica-las para seu leitor, guiando aquilo que ele deseja mostrar.

E para finalizar o seu texto, pense em um ou dois parágrafos que represente a "conclusão" de tudo aquilo que foi exposto (que mensagem você deseja passar para seus leitores?).

Praticando...

Vamos supor que eu queira "dar conselhos para jovens que desejam se tornar professores universitários". Com o tema já definido posso começar a usar a estrutura dos parágrafos, montando o texto para preenchê-los.

Parágrafo 1: Escolher uma profissão não é nada fácil, sobretudo, para os jovens que finalizam o segundo grau com uma idade que não lhes dá a maturidade suficiente para essa decisão. Com apenas 16, 17 ou 18 anos é sempre uma grande responsabilidade decidir o que você quer ser profissionalmente falando. Uma das opções, dentre as várias disponíveis é atuar na docência, como professor universitário. Mas o que eu faz e como atua um professor? Isso que será discutido neste texto.

Parágrafo 2: A ideia é que um jovem possa conhecer mais sobre a docência, as atividades a serem desenvolvidas, o dia a dia dentro e fora da sala de aula, seus desafios, habilidades necessárias, o futuro da profissão, etc. Claro que não é possível abordar todos os aspectos da profissão no texto tão curto, mas procurarei tratar de alguns pontos que julgo importantes considerando minha experiência de mais de 10 anos de sala de aula.

Parágrafo 3: Afinal saber o que a profissão oferece pode ajudar e muito na hora de decidir. Muitos pensam que ser professor é algo simples e fácil, que basta se formar e pronto. Mas a história não é bem assim, como costuma dizer aquele velho ditado "o buraco é mais embaixo". Estando, portanto, embasado espero que você jovem possa optar ou não pela carreira docente, mas que uma vez escolhida essa profissão que possa desempenhá-la da melhor maneira possível.

Agora podemos passar para o MEIO do nosso texto, detalhando um pouco mais o que você pode escrever nesta parte. Aqui o número de parágrafos tende a ser maior. Para definir cada um deles, pense como vai detalhar o tema. Cada ideia abordada pode virar um parágrafo. Voltando ao nosso texto exemplo sobre a carreira docente, vamos considerar que irei falar sobre o seguinte: o que faz um professor (parágrafo 4), quais habilidades são necessárias (parágrafo 5), maiores desafios (parágrafo 6).

Parágrafo 4: O dia a dia de um professor não é nada fácil. A jornada vai muito além da sala de aula. A preparação de uma aula exige bastante estudo, seleção do conteúdo a ser abordado, recursos que serão utilizados, planejamento sobre o quê e como será discutido com os alunos. O futuro professor deve também saber que além da preparação das aulas, outras atividades como correção de provas, projetos e trabalhos deverão ser realizados em diversos períodos e, muitas vezes, durante finais de semana e feriados.

Parágrafo 5: Ser professor exige diversos tipos de habilidades. Um professor deve ser um pouquinho de "psicólogo", afinal vai lidar com gente (e das mais diversas naturezas). Um professor deve ser um como um aluno dedicado, pois precisará estudar bastante para se manter atualizado e dominar o conteúdo em profundidade. Um professor também deve ter a capacidade de motivar os alunos e habilidades de comunicação.

Parágrafo 6: Um dos grandes desafios da profissão é justamente conciliar o ensino do conteúdo aos alunos com a motivação, afinal se os alunos não estiverem motivados para os estudos eles dificilmente alcançarão os resultados desejados. Selecionar também a melhor estratégia a ser utilizada de acordo com o perfil dos alunos é um grande desafio e algo que melhora, conforme se ganha experiência.

Para encerrar o nosso texto, podemos ir para a última parte (FIM). Aqui, de modo geral, você pode usar um ou dois parágrafos para concluir a sua ideia.

Parágrafo 7: Conforme discutido neste texto, ser professor é uma profissão desafiadora, mas também é importante você ter em mente que muitas são as recompensas sob o aspecto profissional. Muito mais que uma profissão tudo é uma grande missão. Nada paga o sentimento de dever cumprido ao ver que seus alunos souberam aproveitar todas as discussões e aprendizados e que atravessam as portas da sala de aula para conquistarem o mundo com seu conhecimento.

Encare seu texto como uma história com começo, meio e fim. E uma dica bastante importante: o título é fundamental. Até mesmo antes da introdução, é o título que conquistará o interesse ou não dos seus leitores. Escolha um título que mostre a essência do seu texto. Um bom título funciona como um resumo de tudo aquilo que o leitor irá encontrar.

Mas lembre-se ao escolher um título atente-se que ele deve ser "curto", verdadeiro e de fácil entendimento. Nada de títulos sensacionalistas que não condizem com o conteúdo ou simplesmente pretendem atrair o leitor, passando uma ideia falsa.

EDUCAÇÃO, FORMAÇÃO E HABILIDADES PROFISSIONAIS

SUSTENTABILIDADE, EDUCAÇÃO E FORMAÇÃO PROFISSIONAL

O mundo vem mudando radicalmente e, em muitos aspectos, para melhor. E um tema que não dá para dissociar da formação dos profissionais modernos é a sustentabilidade.

De acordo com a Comissão da Organização das Nações Unidas a sustentabilidade envolve atender às necessidades do presente sem comprometer a capacidade das gerações futuras de atender às suas próprias necessidades.

Lembro que quando era criança pouco (ou quase nada) se falava sobre sustentabilidade. Citando coisas corriqueiras ligadas a este tema, não era comum, por exemplo, crianças entenderem conceitos sobre reciclagem de lixo, desperdício, etc.

Jogar papel no chão era "somente" um mau hábito que indicava falta de educação. Hoje, o papel jogado na rua, além de representar a materialização da má educação, representa também uma ação danosa para o planeta. E isso está incutido na cabeça das crianças (que bom!).

Fala-se muito hoje em empresas sustentáveis, processos sustentáveis, mentalidade sustentável, etc. E se a sustentabilidade é uma preocupação global é importante preparar os profissionais para assumirem esse compromisso. Neste contexto, a educação superior tem um papel fundamental na formação de "profissionais sustentáveis" (que estejam aptos a lidar com esse desafio).

As empresas têm assumindo cada vez mais um caminho que alinha crescimento econômico, mercado consumidor e utilização consciente de recursos naturais. Assim, cabe ao nosso sistema de educação pensar em como alinhar a formação técnica exigida pelo mercado de trabalho com estas novas exigências da sociedade.

A educação, em todos os níveis, deve atuar como uma ferramenta capaz de promover os conceitos de desenvolvimento sustentável.

Independente da área de atuação algumas habilidades devem ser priorizadas na formação dos futuros profissionais. Conceitos como reuso, ciclo de vida dos produtos e reciclagem deverão conviver e orientar o desenvolvimento de tecnologias, produtos e prestação de serviços.

Tecnologias que terão grande impacto na sociedade, como por exemplo, os carros autônomos e mesmo serviços de economia compartilhada têm, por trás, um forte apelo sustentável. Os carros autônomos ajudarão a reduzir o consumo de combustíveis fósseis (que são recursos não renováveis) e tendem a produzir também, a longo prazo, a redução da frota mundial de automóveis.

Serviços de economia compartilhada, por sua vez, permitem que as pessoas mantenham o seu estilo de vida e consumo de bens, sem precisar adquirir mais, o que impacta positivamente na sustentabilidade do planeta.

E é neste cenário, que os futuros profissionais irão atuar, por isso precisam estar preparados.

Hoje, muitas instituições de ensino superior já têm tratado essa formação de profissionais conscientes, tanto dentro como fora da sala de aula. Os esforços vêm se intensificando para abordar a sustentabilidade nas operações do campus, introduzindo novos conteúdos e ampliando o valor e o impacto do ensino e da pesquisa para suas respectivas comunidades locais.

Alguns currículos já contemplam, por exemplo, temas como educação e meio ambiente e tecnologias verdes. A própria comunidade universitária já se envolve em projetos de reciclagem, diminuição do consumo de papel, dentre outras ações que ajudam a criar uma cultura de sustentabilidade.

Claro que ações deste tipo exigem que muitos desafios sejam superados tais como: abordagem coordenada entre os diversos níveis da instituição para que seja criada uma "nova cultura sustentável"; necessidade de capacitação de professores e funcionários; flexibilização curricular.

Profissionais, independente da área, devem passar a vivenciar também esta nova cultura do desenvolvimento sustentável, pois o que se percebe é que as empresas e o mercado de trabalho como um todo vão valorizar cada vez quem tiver esse tipo de habilidade.

As instituições agora têm a responsabilidade, mais do que nunca, de integrar o desenvolvimento sustentável em todo o seu ensino, pesquisa, projetos com a comunidade e operações do campus. E você, enquanto profissional, deve incorporar isso como um diferencial.

TÍTULOS NÃO VALEM NADA

O título desta seção não indica a minha opinião que é justamente contrária. Ele, na verdade, representa uma frase que, às vezes, se escuta por aí e que defende a cultura de que os títulos acadêmicos de nada valem. Talvez isso explique um pouco do nosso atraso educacional.

Obviamente, que quando me refiro a títulos acadêmicos (graduação, mestrado, doutorado, etc.) ou até mesmo de outras categorias (como títulos por mérito, a exemplo de um prêmio), estou me referindo àqueles obtidos de forma séria, isto é, o título é condizente com o conhecimento/competência da pessoa. Como diz a sabedoria popular, estudar nunca é demais, se não fizer bem (o que é improvável), mal também não fará; portanto, quem estuda só tem a lucrar.

A utilidade de um título depende, única e exclusivamente, daquilo que a pessoa pretende fazer na sua vida. Eu sou professor universitário e, por ter feito esta escolha, na minha profissão a titulação (mestrado, doutorado, etc.) faz toda a diferença em várias atividades diárias. E digo fazer diferença, prática, mesmo, no exercício com maior qualidade da profissão.

Obviamente que se, de repente, eu mudasse radicalmente de área e fosse abrir um food truck, provavelmente, meu título de mestre em Ciência da Computação, "perderia" todo o seu valor. Mas isso jamais validaria o pensamento de que títulos não servem para nada.

Esse é o ponto chave, tendemos analisar as conquistas/conhecimentos/títulos dos outros sob o nosso ponto de vista. O que não serve para mim pode ser fundamental para outra pessoa.

É meio que aquela coisa que muitos dizem "aprendi matemática/literatura/história na escola e não uso para nada"...talvez para quem não decidiu trabalhar como engenheiro/escritor/historiador isso possa ser verdade, mas por outro lado... Nem por isso poderíamos generalizar e dizer que esse conhecimento é inútil.

Conforme já destaquei outras vezes um título pode, não necessariamente, ser a garantia de nada mas sua ausência também não o é. Se quem já busca se qualificar de maneira séria já tem dificuldades no dia a dia da sua profissão, imagina quem nem isso faz.

E essa questão da importância da titulação é algo que é valorizado pelo mercado (e aí já não é mais uma opinião pessoal é um movimento que se constata na prática). Conforme um estudo feito pelo Centro de Gestão e Estudos Estratégicos (CGEE), associação sem fins lucrativos ligada ao Ministério da Ciência Tecnologia e Inovação (MCTI) no Brasil, ter título de mestrado faz a renda aumentar quatro vezes.

Um brasileiro que detém o título de mestrado ganha, em média, quatro vezes mais que a média dos trabalhadores brasileiros. Se o profissional tiver doutorado, o salário pode ser quase seis vezes maior. "O elevado diferencial da remuneração dos mestres em relação à dos trabalhadores de todos os níveis educacionais é um indicativo do baixo nível educacional da população e da carência de profissionais mais bem qualificados", afirma o relatório.

E no exterior essa valorização dos títulos é ainda maior. E os títulos valem não só na vida acadêmica. Empresas privadas valorizam cada vez mais profissionais que carregam titulação. Por exemplo, Google (Google Research Awards) e Facebook (Facebook Fellowship Program and Emerging Scholars) têm programas que oferecem bolsas de estudo para alunos de mestrado e doutorado.

Além disso, para muitas vagas de emprego entre as qualificações preferenciais está justamente que o candidato tenha o título de mestrado ou doutorado. Um título funciona como uma chancela que abre portas, por exemplo, em muitos concursos ou vagas de emprego se você não tem aquele título não terá aquela oportunidade.

Se ter títulos não faz diferença por que as empresas querem pessoas com títulos em seus quadros de funcionários? Tenho certeza que não fariam esse investimento se, na prática, isso não tivesse importância.

Concluindo, acima de qualquer título está o caráter e se a pessoa, de fato, faz jus ao título, demostrando conhecimento. Ter conhecimento prático é ótimo, mas endossado por um título é melhor ainda e é o que abre as portas, principalmente, se as pessoas não te conhecem. Se isso é justo ou não, infelizmente, aí já é outra história e cada um tem sua opinião.

O DIPLOMA MORREU. SERÁ MESMO?

Uma discussão que já vem se dando há algum tempo na educação decreta, dentre outras coisas, o fim dos diplomas em benefício dos portfólios. Mais importante do que o que você sabe é o que você faz, é o argumento que norteia essa ideia.

Claro que saber fazer é muito importante, sobretudo, para parte do mercado de trabalho, mas precisamos ter cuidado com a forma com que alguns profissionais, muitas vezes, interpretam essa ideia de ser apenas um autodidata.

Aliado a isso, sobretudo na área da tecnologia de informação, vemos histórias de grandes empreendedores que largaram a faculdade para criar grandes produtos e fazer sucesso mundo afora, tendo como base apenas a criatividade. Mais uma vez isso pode levar à ideia de que o estudo formal é irrelevante.

É inegável que muitas oportunidades de emprego podem surgir para profissionais sem uma "formação formal". Mas se só isso importasse muitas empresas não solicitariam para suas vagas. Isso mostra que, na prática, pelo menos no cenário atual, os conhecimentos adquiridos no meio acadêmico ainda têm bastante peso no mercado.

Essa discussão merece uma profunda reflexão antes de se decretar definitivamente que o que se estuda nas universidades é inútil para a formação. O problema pode estar na percepção errada da utilidade da teoria para a prática.

O grande "perigo" dessa interpretação "ao pé da letra" de que a prática resolve tudo é que o conhecimento técnico (o fazer) em muitas situações não é o suficiente. Práticas embasadas tendem a ter muito mais eficiência.

Claro que ser autodidata é uma característica louvável e até mesmo um diferencial para um profissional, pois permite ampliar os conhecimentos e complementar a sua formação. Entretanto, nem tudo se aprende (ou deve ser aprendido) no método da tentativa e erro (ou sozinho sem uma discussão formal à luz de teorias norteadoras).

Claro que o conhecimento teórico pode também ser adquirido sem uma faculdade/universidade, entretanto, o mundo acadêmico propicia este conhecimento de uma forma bastante distinta do que se dá num processo de estudo individual, uma vez que está organizado em bases que norteiam as práticas das instituições de ensino (não consistindo simplesmente em repassar conteúdos, estando toda estruturação subordinada às diretrizes de educação e da área, planos de ensino, objetivos pedagógicos, metodologias de ensino, competências e habilidades, enfim uma gama de "coisas" que norteiam esse processo "acadêmico" e que é diferente do processo de aprendizado autodidata).

Mas como colocado, ambos são importantíssimos na formação profissional, sendo complementares e não mutuamente exclusivos. Um tema tão complexo como esse, precisaria de uma ampla discussão. Aqui busco apenas fazer uma "colocação superficial", como uma provocação para a reflexão sobre tal questão.

A teoria indica rotas muito valiosas para a prática, aprimorando-a e indicando quais caminhos devem ou não ser seguidos.

Claro que ter um diploma ou certificado não garante nada sobre o conhecimento, porque atrelado a isso tem a questão de quem está por trás desta certificação e a forma como foi obtida (realmente houve aprendizado? Dedicação? Como é o sistema educacional?).

Um autodidata pode ser melhor que alguém diplomado. Tudo ainda depende do indivíduo e da sua capacidade de se aprimorar unindo teoria e prática.

A internet trouxe uma massa de conhecimento que poderia, de fato, revolucionar a forma como aprendemos, provocando uma revolução no nosso sistema educacional. Mas o que se vê é que muitas pessoas não sabem usar isso ao seu favor, ao contrário, tornam-se acomodadas e quando precisam aprender e "construir" conhecimento, valem-se apenas do Google e o famoso "copiar e colar" ganha força, vindo sem nenhum tipo de crítica e sem que a pessoa se apodere do conhecimento.

Claro que para algumas atividades ter ou não um diploma "não faz a menor diferença", por exemplo, para um programador que queira "apenas" programar basta-lhe o conhecimento prático (adquirido em muitos casos como autodidata).

Mas quando se fala numa área mais ampla como, por exemplo, a Ciência da Computação, a prática é parte dela, mas não se pode jamais ignorar todas as teorias científicas que dão sustento e a tornam de fato uma ciência.

Um aluno de Ciência da Computação que domina apenas alguns aspectos práticos da área, não estará exercendo plenamente o seu papel, enquanto cientista. Disciplinas essencialmente teóricas, são a base de sustentação para muitas tecnologias passadas, presentes e futuras e ajudam a sustentar a prática.

Só para citar um exemplo, eu não preciso necessariamente implementar dois algoritmos para me decidir, antecipadamente, qual deles é o melhor para ser usado em um software se a teoria da análise de algoritmos já me mostra qual é a resposta. O mesmo, certamente, se aplica nas mais diversas áreas do conhecimento humano.

Querer atuar de forma prática não pode ser uma desculpa para alijar a teoria, renegando a sua importância. Talvez, na área de TI esse debate seja mais forte, entretanto, quando pensamos em áreas como medicina e engenharia civil por exemplo, ninguém gostaria de ser operado por um "médico" prático ou mesmo viver em um prédio construído por um engenheiro sem a devida formação teórica.

Não creio que o caminho seja valorizar apenas aspectos teóricos ou apenas aspectos práticos. Acredito que ambas (teoria e prática) devem caminhar de mãos dadas. Valorizar apenas o diploma ou certificado, ou apenas um portfólio, pode representar uma visão incompleta. Essa frase associa muito bem esses dois aspectos: "A teoria sem a prática é estéril e a prática sem a teoria é ingênua".

Quem já teve a oportunidade de vivenciar o meio acadêmico sabe da importância desse aprendizado formal, seja na graduação, numa especialização, mestrado ou doutorado. Algumas habilidades e competências (não necessariamente, conhecimento) só serão adquiridas na passagem por esse processo formal da educação.

Não vejo que o caminho seja atacar ou desvalorizar uma formação acadêmica e pautar-se apenas na aquisição de conhecimento de forma autodidata. Não defendo aqui somente um dos lados, pelo contrário, é na união que se dá a força e a capacitação profissional.

O que nos leva muitas vezes a esse questionamento passa por algo muito maior que é o nosso sistema educacional. Com tantas informações disponíveis e tantos recursos a nosso dispor, nos cabe refletir não sobre se a educação formal é ou não importante, mas sim, quais moldes ela deve seguir para, efetivamente, dar o suporte para as melhores práticas, valorizando o lado criativo das pessoas.

POR QUE HARVARD ESTÁ ENSINANDO NO MBA TEMAS COMO INTELIGÊNCIA ARTIFICIAL E APRENDIZAGEM PROFUNDA?

Há algum tempo temas como Inteligência Artificial (IA) e Aprendizagem Profunda (Deep Learning) eram assuntos de interesse, quase exclusivos, de estudantes de tecnologia. Mas isso vem mudando com o tempo.

Hoje instituições de ponta, como a Harvard Business School (HBS), acreditam que seus estudantes de MBA devem entender como as tecnologias emergentes podem moldar os negócios do futuro.

Inteligência Artificial é o ramo da Ciência da Computação preocupada com a automação de comportamento inteligente. Aprendizagem Profunda ou deep learning, é uma área de rápido crescimento na pesquisa de aprendizado de máquina (machine learning) que tem alcançado avanços no reconhecimento de discurso, texto e imagem. Ela se baseia em técnicas que permitem que um computador aprenda tarefas, organize informações e encontre padrões sozinho.

Na Harvard Business School (HBS), estudantes de MBA lidam como temáticas que vislumbram um futuro em que robôs e outras tecnologias inteligentes realizem desde tarefas de condução autônoma até "gerenciamento" de negócios. Trata-se de um cenário que vem se consolidando, em que a Inteligência Artificial e a Robótica, provavelmente, vão ter impacto em todo o mercado de trabalho e da economia global.

Nos últimos anos tornou-se cada vez mais evidente a importância científica, industrial e econômica da Inteligência Artificial, bem como o seu previsível impacto nos negócios. Essas tecnologias disruptivas são agora uma parte "essencial" e não podem ser deixadas de lado.

É importante que um profissional, independente da área, seja capaz de perceber o que estas tecnologias podem entregar e quais são os desafios e oportunidades para uma empresa que faz/fará uso de técnicas de Inteligência Artificial.

Os profissionais devem entender como essas tecnologias funcionam em um nível básico, mas, o mais importante, é entender como eles podem moldar negócios do futuro, usando tais tecnologias.

Além da HBS, outras instituições de ponta tais como Oxford, INSEAD, Cornell e ESCP Europe, já lidam de alguma forma com essas temáticas em seus currículos. Em alguns casos, são oferecidos cursos sobre habilidades básicas de manuseio de dados além de linguagens de programação (como Python) e uma introdução à aprendizagem de máquina (técnicas e ferramentas).

No MIT Sloan School of Management, os estudantes do MBA podem cursar como eletivas disciplinas de IA e Robótica, podendo enriquecer os seus currículos.

A visão compartilhada por professores desses cursos é que as máquinas tornar-se-ão cada vez melhores na tarefa de interpretação de dados não estruturados, agindo sobre eles automaticamente, substituindo os humanos em diversas tarefas.

Segundo os pesquisadores da Universidade de Oxford cerca de 47% dos postos de trabalho dos EUA estão em risco de ser substituídos por processos automatizados.

Os postos de trabalho altamente qualificados são os que correm menos riscos, diferentemente, daqueles que envolvem trabalho manual. Neste contexto, o papel de quem ocupa um cargo de gerência vai mudar. Serão necessárias diferentes habilidades para manusear e interpretar todos os tipos de dados e para gerenciar equipes de pessoas e máquinas, que tendem a dividir os mesmos ambientes de trabalhos.

Não só a proficiência em lidar com a análise de dados que está em alta, mas a capacidade de trabalhar com tecnólogos de outras áreas também. Os alunos precisam saber como se comunicar com os cientistas de dados e especialistas em aprendizagem de máquina e IA.

Claro que habilidade como inteligência emocional, criatividade, capacidade de negociação, colaboração, trabalho em equipes multidisciplinares serão todas habilidades muito importantes no futuro, para qualquer profissional. Mas um profissional que não entende bem das tecnologias que vão cada vez mais povoar as empresas, tende a ficar limitado e não aproveitar todo o potencial de crescimento que essas tecnologias podem ofertar.

TODOS OS PROFISSIONAIS DEVERIAM APRENDER PROGRAMAÇÃO DE COMPUTADORES

"Todos neste país deveriam aprender a programar um computador, porque isso te ensina a pensar", esta é uma frase bem interessante dita por Steve Jobs.

Pode soar um pouco estranho apara quem não é da área de Computação esta frase do Steve Jobs, mas todo profissional, seja ele médico, engenheiro, advogado, administrador, mecânico, esportista ou de qualquer outra profissão deveria aprender a programar computadores.

Quando se cria um programa de computador isto te ajuda a pensar. Não é algo diferente de se tocar um instrumento ou praticar um esporte. Pode ser um grande desafio no começo, mas depois se pega o jeito da coisa. Afinal na nossa vida muitas coisas são intimidadoras e, nem por isso, devemos deixar de encará-las.

Programar é como um jogo lógico, onde estratégias devem ser pensadas passo a passo para se chegar à solução de um problema. E não estou falando de coisas complicadas ou algoritmos complexos, a programação de um computador ainda que seja para resolver um problema simples, ajuda a desenvolver esta habilidade que é requerida em qualquer profissão.

Não é necessário ser da área de informática ou ser um gênio. Programação é algo que pode ser aprendido por pessoas de qualquer área, o que se precisa é de determinação para aprender e, pessoas determinadas são vistas com muito bons olhos no mercado de trabalho. Portanto, quem programa exercita muito esta outra qualidade profissional.

Os computadores estão por toda a parte e, consequentemente, os seus softwares (programas) também. Os softwares mudaram e continuam mudando a forma como os profissionais atuam. Na agricultura, na manufatura, na indústria, no entretenimento, etc. Seja para construir uma casa, para calcular o imposto de renda, para sacar dinheiro num caixa eletrônico, tudo isso tem um programa de computador envolvido.

Todos dependemos da tecnologia para nos comunicar e para exercer as nossas atividades e, a maioria de nós, não sabe ler um código de programação.

Se alguém está tentando fazer dinheiro ou se quer mudar o mundo, programação é uma habilidade poderosa para se aprender. Muitos poderiam mudar a perspectiva e a visão sobre computadores se parassem para pensar que, na verdade, o software pode mover a humanidade. Trata-se de ajudar as pessoas por meio de tecnologia computadorizada. É chegar numa ideia e, em seguida, vê-la em suas mãos concretizada e, logo depois, apertar um botão e tê-la nas mãos de milhares de pessoas.

Vivemos numa geração que é a primeira da humanidade a ter essa experiência. Você pode começar algo no seu computador pessoal, não ter a mínima experiência sobre como construir uma grande empresa e, mesmo assim, construir algo que se torne um sucesso e faça parte do cotidiano de milhares de pessoas (assim surgiu o Facebook, de Mark Zuckerberg). Sob essa ótica é incrível e arrebatador pensar como algumas linhas de código de programação podem ser uma ferramenta tão poderosa.

"Os programadores de amanhã são os magos do futuro. Eles terão poderes mágicos se comparados aos outros", conforme diz Gabe Logan (fundador da Valve).

Pensar que a criação de um programa de computador é algo tão acessível a qualquer um de nós é simplesmente incrível. É a coisa mais próxima que temos de um super poder. Aprender alguma linguagem de programação ou saber ler um código de um programa permite o desenvolvimento do raciocínio lógico, que é algo tão importante.

Aceite este desafio, aposto que você vai gostar! E para quem é da área de informática ou pretende entrar na área então, passa ser mais uma oportunidade de emprego.

Um milhão de empregos nos Estados Unidos não serão preenchidos porque apenas uma em cada dez escolas ensinam programação.

A limitação nessa área é que não há gente suficientemente treinada e com habilidade hoje em dia. E o treinamento proporcionado pela programação de computadores pode ser benéfico para os profissionais de qualquer área.

Essas ideias foram inspiradas nos depoimentos de grandes personalidades da tecnologia, do esporte e da música. A saber: Bill Gates (fundador da Microsoft), Jack Dorsey (criador do Twitter), Ruchi Sanghvi (primeira mulher engenheira do Facebook), Drew Houston (criador do Dropbox), Elena Silenok (fundadora do Clothia.com), Gabe Logan (fundador da Valve), Chris Bosh (jogador da NBA), Vanessa Hurst (fundadora do Girl Develop It), Bronwen Grimes (Technical Artist na Valve) e Will.i.am (do grupo Black Eyed Peas).

CONEXÕES E ENGAJAMENTO

O PODER DAS CONEXÕES ESTRATÉGICAS E DE ALTO VALOR

Esta seção traz algumas ideias originalmente discutidas no livro "*How to Be a Power Connector: The 5+50+100 Rule for Turning Your Business Network into Profits*" da autora Judy Robinett. Trata-se de um livro interessante, com alguns insights que podem ser até mesmo considerados polêmicos por algumas pessoas.

Conectar-se às pessoas certas fará uma grande diferença na sua vida, principalmente, às chamadas insiders que são inacessíveis para a maioria das pessoas. Ou seja, se você fizer parte deste seleto grupo muitas portas podem se abrir.

Insider é uma expressão em inglês para uma pessoa que tem acesso à informações privilegiadas, participando de operações importantes nos diversos segmentos.

Nos negócios, assim como na vida, os relacionamentos são a principal estratégia usada para se obter o que se deseja de modo mais rápido e efetivo. Segundo uma pesquisa 89% dos executivos seniores (vice-presidente e cargos mais altos) das companhias com receitas acima de 100 milhões de dólares anuais dizem que a força dos seus relacionamentos profissionais e pessoais tem um significado importante quando se refere à habilidade de entregar resultados.

Pessoas e contatos são um bem valioso já que por meio deles é possível obter respostas, dinheiro, acesso, poder e influência que você precisa para alcançar as suas metas. O grande problema hoje é o excesso de conexões e não, necessariamente, a ausência delas. Mais importante que o número é qualidade da sua rede de contatos.

A pergunta que devemos ter em mente é: como identificar e nortear conexões que possam acelerar o nosso sucesso? Umas das formas de se alcançar essa meta é evitando os cinco principais erros cometidos pelas pessoas ao tentarem estabelecer conexões com seus pares. São eles:

1) Fazer networking em lugares errados: não adianta buscar conexões que não têm ligação com os seus atuais objetivos. É

como querer buscar investimento para produzir um filme em meio a pessoas que só investem em agronegócios.
2) Fazer conexões de nível errado, considerando suas metas atuais: muitas pessoas buscam se conectar à pessoas do seu nível de conhecimento e habilidades, ou mesmo inferior. Tal atitude, em muitos casos, não agrega muito, apesar de ser algo mais confortável de ser feito. Entretanto, isso pode não te levar aonde você quer chegar. É necessária uma estratégia para relacionamentos que possa acelerar o seu sucesso.
3) Não ter meios de acessar o valor relativo das conexões feitas: fazer conexões é positivo, entretanto, é importante também saber analisar o valor de cada uma delas e saber em que elas podem contribuir quando necessário.
4) Ausência de um sistema para otimizar o networking: fazer networking não é apenas conhecer pessoas. É importante transformar esse contato em oportunidades, isto é, torná-lo uma conexão estratégica.
5) Falha ao se criar conexões profundas e de alto valor: É necessário um plano para adicionar valor às suas conexões. A relação com pessoas conectadas deve ter alto valor agregado e deve ser duradoura.

Planejar a sua estratégia de relacionamento é como planejar o seu negócio. Da mesma forma que um planejamento estratégico para um negócio indica onde se deve focar os esforços para alcançar os melhores resultados, um planejamento estratégico de relacionamentos pode ajudá-lo a acelerar seu sucesso profissional e pessoal, orientando suas novas conexões com pessoas que podem ajudá-lo a crescer e a alcançar as suas metas.

Um relacionamento estratégico trata-se de uma conexão entre pessoas que leva em conta o valor que cada um pode prover para o outro, através de contatos, informação e outras formas de suporte. Deve ser uma relação de ganho para ambos os lados. Por exemplo, um mentor oferece informação, dicas e experiência, por sua vez, o mentorado oferece energia, inteligência e a oportunidade de o mentor difundir seus conhecimentos.

Um relacionamento estratégico não precisa ser algo frio e deve ser fundamentado na generosidade, criação de valor e até mesmo na amizade. Tempo, energia e esforços são preciosos e, portanto, não devem ser gastos com pessoas que não valham à pena.

As conexões estratégicas são importantes para os negócios pois quanto mais relacionamentos você tiver e quanto mais fortes forem estes relacionamentos, maiores serão suas oportunidades. Entretanto, as suas conexões têm um impacto direto na forma como você é visto pelas outras redes de conexão (pessoas externas).

Elas influenciam na sua identidade perante os outros ("diga-me com quem andas que te direi quem és"). Sua rede pode servir como um retrato sobre quem é você. Bem ou mal, ela te representa. A ideia não é que as pessoas não devam se conectar a quaisquer outras, pois todo mundo tem seu valor, mas saiba que você será julgado com base naqueles que te rodeiam.

A sua rede vai criar para os outros a percepção de um status, no qual você se encontra e isso pode ou não abrir mais portas. O que você sabe é muito importante, mas quem você conhece pode te dar credibilidade. Aquela história é bem verdadeira, o QI (Quem Indica) tem bastante peso nas relações e nas oportunidades que teremos na vida.

Pessoas bem relacionadas têm mais força perante as empresas e a sociedade, de um modo geral. Imagine que você está procurando um emprego numa filial de uma grande loja de varejo e tenha em mãos uma carta de recomendação do presidente da rede e seus concorrentes não.

Relacionamentos estratégicos podem render informações privilegiadas que não estão disponíveis para o público em geral e isso pode representar uma grande oportunidade.

A construção de uma rede de relacionamentos robusta e diversa pode te dar acesso a novos e diferentes recursos e pontos de vista que te ajudarão a transcender suas limitações. Se pensarmos que estamos separados de qualquer outra pessoa do mundo por apenas "seis graus (ou seis outros indivíduos)", à medida que você se conecta a outras pessoas, aumentam as chances de se conectar àqueles que podem te ajudar.

A qualidade da sua rede de contatos influencia na qualidade das suas oportunidades e na resolução dos seus problemas. Além disso, cada pessoa nova que entra na sua rede traz consigo um valor agregado da rede de contato dela, e você também oferece o mesmo (trata-se de uma relação de ganha-ganha).

Aqueles que desejam aumentar a sua influência e impacto devem prover para outras pessoas os recursos que eles necessitam mas não têm acesso. Pessoas com esta capacidade seguem a seguinte ideia: "diga-me alguma coisa que você deseja que aconteça que eu ou a minha rede podemos te ajudar a tornar real". Por isso, sua rede de conexões é um dos bens mais preciosos que você pode ter (ainda mais em tempos de internet em que podemos alcançar muito mais pessoas).

Para saber quão estratégicos são seus relacionamentos pense nos seguintes pontos:

- Quantas pessoas dos seus relacionamentos são estratégicas? Isto é, podem te entregar ou receber de você "valores" que acrescentam algo à sua vida pessoal ou profissional.
- Com quantas pessoas você constantemente se comunica?

- Quanto você conhece das redes das pessoas as quais você está conectado? Quanto essas redes podem agregar à você e às suas conexões?
- Sua rede possui profissionais que podem te ajudar a solucionar seus problemas? O acesso à eles é fácil? Se não é, o que fazer para se conectar à eles numa relação de valor.
- Quão diversa é sua rede de conexões? Aprofundar relacionamentos com seus pares é importante, entretanto, manter pessoas de diferentes ecossistemas/profissões pode ajudá-lo nas diversas situações que a vida impõe.

Relacionar-se é fundamental pois todas as pessoas têm problemas e precisam solucioná-los, daí a importância de uma rede vasta e forte. Quem tem dinheiro pode precisar de alguém que indique como investir. Teóricos podem precisar de pessoas de mercado para testar suas teorias. Pessoas de mercado podem precisar de teorias que ajudem a alavancar seus negócios. Todos precisam de algo e todos têm algo a oferecer.

As pessoas têm as repostas para os nossos problemas e o acesso a elas se dá por meio dos nossos relacionamentos. Busque por pessoas que possam resolver seus problemas e também ofereça meios de resolver os problemas delas, isso é o que permite criar uma rede de conexões estratégicas e de valor.

Vivemos a era das conexões P2P (pessoas para pessoas), em detrimento das relações B2B e B2C. Todos temos diferentes tipos de relacionamentos com os quais compartilhamos interesses e vivências. São relacionamentos profissionais ou de negócios com pessoas até mesmo conhecidas através de meios digitais.

Todos nós temos diferentes tipos de conexões. Existem algumas conexões definidas como seus aliados, que são aqueles seus amigos ou colegas com os quais compartilha metas comuns, no seu dia a dia. Existem também os relacionamentos de diferentes graus, com as mais diversas pessoas que você conhece do trabalho, da universidade, do condomínio, etc.

Uma pesquisa do Pew Interest Group, feita em 2011 nos EUA, traz um número bem interessante sobre isso: em média uma pessoa tem cerca 634 conexões em sua rede social. Pessoas fora da internet tinham cerca de 506 pessoas na sua rede. Se observarmos é um número considerável de conexões, entretanto, destas quantas são estratégicas, ou seja, são capazes de impulsionar a vida pessoal e profissional?

Todas as conexões têm o potencial de contribuir para sua vida de alguma maneira. O vendedor de roupas que te conhece economiza seu tempo já separando peças que são exatamente de seu gosto. O seu gerente do banco pode aprovar créditos para você sem burocracias. Um ex-colega de trabalho pode te indicar para uma vaga numa nova empresa. Por conta desse potencial, boas conexões funcionam como um capital social que pode te ajudar na conquista das suas metas.

Entretanto, mesmo podendo desfrutar dessas possibilidades oferecidas por sua rede de conexões, a maioria dos relacionamentos não é estratégica. Quando se trata de avançar em suas metas pessoais e de negócios, é necessário analisar o valor de cada um de seus relacionamentos.

Bons relacionamentos funcionam como um negócio. O seu capital é representado pelas conexões com outras pessoas que você formou ao longo da vida, entretanto, a força real do seu capital está somente naquelas conexões que te trazem algum tipo de valor. Embora, como já dito, todos na sua rede possam vir a ser um recurso importante. Por meio das suas principais conexões que você receberá o maior retorno de "investimento" na sua rede.

Entenda que o valor de um relacionamento muitas vezes não é apenas com o indivíduo em si conectado diretamente a você, mas sim nas conexões deste indivíduo.

Você precisa aprender a enxergar o potencial nas redes de suas conexões. As conexões que você faz ao longo de sua vida levarão a outras conexões que podem ser a chave para um maior sucesso. O valor da sua rede é multiplicado pelo valor das redes das pessoas com as quais você se conecta. Toda conexão estratégica cria uma potencial "cadeia de valor" que aumenta o potencial de "ganhos" de sua rede.

Medir o valor de uma conexão está ligado à sua natureza (se é profissional ou pessoal). Num relacionamento pessoal coisas como companheirismo, fidelidade, suporte, honestidade podem ser fatores importantes. Já em um relacionamento profissional outros fatores podem ser mais relevantes.

De um modo geral, as pessoas em sua rede em quem você confia, cuja reputação é impecável e que estão dispostos a ajudá-lo, são os que fornecerão o maior valor, sendo as conexões mais estratégicas. Nossos relacionamentos influenciam nossas vidas diárias, nossas atitudes e crenças e, consequentemente, quais oportunidades estão disponíveis para nós pessoalmente e profissionalmente. Uma vez que você entenda seus relacionamentos atuais, você pode maximizar tudo o que essas conexões podem oferecer.

Todas as pessoas em sua rede atual podem ser classificadas como links fortes ou fracos. Os links fortes são os amigos, familiares e parceiros de negócios que você vê quase todos os dias. Eles são os membros mais próximos de sua rede social e, geralmente, têm muito em comum com você.

Os chamados links fracos são, por exemplo, amigos de amigos, alguém no trabalho que você somente troca poucas palavras, um vizinho, um ex-aluno ou ex-colega da sua universidade com quem tem pouco contato, as pessoas que você só conhece virtualmente.

Os links fracos são "apenas" conhecidos, que talvez saibam somente seu nome, sua profissão, mas não conhecem praticamente nada dos detalhes de sua vida. Eles podem estar distantes de você por causa da localização geográfica, das circunstâncias da vida ou das diferenças filosóficas. Mas atenção: os links fracos são as conexões mais importantes em sua rede.

Um estudo publicado em 1974 pelo sociólogo Mark Granovetter, mostrou que empresários que haviam mudado de emprego, tiveram acesso às novas oportunidades não através de seus links fortes, mas sim através de indivíduos que eles conheciam de forma casual (links fracos).

Um link fraco funciona uma ponte crucial entre diferentes redes de conexões. Os links fracos são as conexões críticas entre sua rede e indivíduos que você nunca teria a oportunidade de encontrar de outra forma, mas que podem ser exatamente as pessoas que você precisa. Você nunca sabe qual estranho poderá levá-lo ao seu objetivo. Pense em momentos significativos de sua própria vida. É provável que em algum desses momentos um link fraco o tenha conectado à alguma oportunidade.

Os links fortes em sua rede geralmente são pessoas que pensam de maneira similar a você e compartilham uma boa parte do mesmo conhecimento. No entanto, alguns deles podem até mesmo prejudicar o seu relacionamento e acesso à pessoas de outras redes. Lidar apenas com pessoas iguais você pode diminuir as suas oportunidades. Se você confia apenas nos links fortes da sua rede, você pode estar afastando pessoas, informações e recursos que você pode precisar um dia.

Os links fracos, por outro lado, oferecem uma maior exposição a diferentes informações, situações e perspectivas de uma ampla variedade de redes. Eles te ajudam a ver as coisas de novas maneiras, trazendo riqueza e diversidade ao seu mundo. Seus links fracos te envolvem pessoalmente e profissionalmente com a comunidade de maneiras mais intensas do que seus links fortes podem fazer.

Os links fracos também aumentam exponencialmente o valor da sua rede. Com um conjunto estratégico de links fracos, você não precisa ser um especialista em tudo, simplesmente porque você pode obter acesso às informações que você precisa com bastante facilidade. Os links fracos também podem nos ajudar a ver uma situação de uma perspectiva diferente, porque eles têm uma atitude, experiência ou estilo de vida diferentes.

Seu conhecimento e percepções únicas podem abrir caminho para uma maior inovação e oportunidade para você e para sua empresa. Quando se trata de avaliar uma rede, as pessoas com o maior número de laços fracos têm o potencial mais significativo para se conectar com qualquer coisa que precisa.

Sua rede está em constante evolução: os links fracos tornam-se mais fortes quando você trabalha com eles ou passa tempo com eles; os links fortes tornam-se mais fracos à medida que as circunstâncias mudam e as pessoas deixam sua vida. Você precisa de links fortes e fracos para sua rede ter qualidade, cada um deles tem um papel importante e diferente na sua vida. Todo link em sua rede possui um conjunto de conexões - e sua capacidade de vincular a essas redes é a chave para o seu sucesso.

A IMPORTÂNCIA DE RETER E MONETIZAR ENGAJAMENTO NO MUNDO PROFISSIONAL

Hoje em dia é praticamente impensável para uma empresa ou até mesmo um profissional estar fora do mundo digital. Conquistar uma base de consumidores ou de conexões com outras pessoas é uma estratégia importante para fortalecer a marca e alavancar os negócios e progredir na carreira.

Muito mais do que consumidores, as empresas buscam captar fãs, pois este são muito mais engajados (Steve Jobs foi um mestre nesta estratégia, ajudando a Apple se consolidar como uma das principais marcas/grifes do mundo).

Marcas gigantes ou até mesmo pequenas empresas e/ou profissionais dos mais diversos seguimentos perceberam que, no mundo moderno, o sucesso a ser alcançado e sustentado não ocorre apenas no mundo real.

Fora dos seus limites físicos, as empresas têm investido em atividades que buscam captar novos fãs, independente da sua localização geográfica. Para isso, o uso estratégico das mídias sociais é fundamental. O que se nota, de um modo geral, é uma humanização das marcas num processo de transformação digital que traz o consumidor para o centro de todas as ações que são realizadas. Assim, as operações realizadas no mundo digital transformam-se, efetivamente, em receitas.

Bancos, restaurantes, livrarias, dentre outros, e até mais os profissionais liberais já perceberam há um bom tempo que a competição não se dá apenas no mundo físico. Ainda que não realizem vendas diretamente pela internet, ser visto é a única forma de não ser esquecido e não ficar para trás.

Neste sentido toda empresa é também uma espécie de organização de mídia que está fornecendo não apenas os seus serviços, mas também algum tipo de experiência digital para seus consumidores – seja entretenimento ou apenas conteúdo.

Com a popularização da internet e, sobretudo, o fortalecimento das redes sociais as possibilidades de captação de público e de conexões estratégicas aumentaram consideravelmente. A maior parte dos consumidores está fora do alcance físico das empresas e oferecer conteúdo e serviços digitais é a única forma de atingi-los. Isso inclui coisas como a criação de landing pages, chatbots, fan pages, enfim, canais de comunicação que possam ser acessados em vários dispositivos. Do ponto de vista de uma pessoa isso se dá por meio de divulgação do perfil profissional de forma online.

Além disso, os serviços em nuvem e as ferramentas de análise de dados podem destacar as estatísticas-chave vindas desses canais para dar insights e garantir o sucesso dos serviços prestados ou até mesmo para criar novos produtos.

Na minha percepção de consumidor, vejo as marcas hoje numa roupagem muito mais leve. Os conteúdos são fornecidos de maneira ágil, o anúncio de produtos/serviços é menos explícito e fica num "segundo plano", bastidores das marcas são mais explorados e tudo parece mais light.

O consumidor de hoje não gosta de coisas invasivas, propagandas pipocando na tela dizendo "compre isso". Tudo hoje é meio como aquelas propagandas da Coca-Cola em que o refrigerante apenas aparece como coadjuvante em momentos felizes. Você também não precisa aparecer sempre de forma explícita, se souber divulgar bem a sua marca as pessoas lembrarão de você naturalmente.

Além disso o consumidor que interagir, dar sugestões e conversar diretamente com as marcas. Anteriormente, o relacionamento era muito unidirecional, as empresas apenas jogavam conteúdos com a esperança de que algum deles gerasse resultados.

Atualmente, o objetivo é ser muito ágil no conteúdo, para aproveitar o potencial das mídias sociais. A base de consumidores é muito fragmentada, social e geograficamente. Além disso, os fãs das marcas são diferentes de como eram há dez ou mesmo cinco anos. Eles agora consomem o que querem, quando querem e como querem através de canais diferentes.

Uma empresa para se consolidar não pode ignorar essa realidade. É indispensável explorar os diversos canais através dos quais se estabelece uma relação digital com seus consumidores. Seja através de aplicativos, sites, mídias sociais, loja online, canais no Youtube e muito mais.

Sejam uma empresa ou um profissional de qualquer área, o importante é demarcar o território no mundo digital seja por meio de canais primários, como aplicativos ou sites proprietários, canais secundários que possuem o logotipo da marca, mas são operados por outras empresas ou canais de terceiros, como redes sociais. Facebook, Twitter, LinkedIn...Vale tudo, só não vale ficar de fora.

Outra tendência que se nota nas empresas é que elas estão seguindo o caminho para capturar uma audiência cada vez mais jovem, mas ao mesmo tempo, mais experiente em termos digitais. Os Millennials vão representar 40% da população mundial até 2020 e eles gastam uma hora e meia por dia nas mídias sociais, consomem vídeos, jogam games e, acima de tudo, adoram interagir digitalmente. A geração Millennials é o termo usado para categorizar os indivíduos que nasceram entre 1980 e 2000.

Esta simbiose entre marcas e consumidores no meio digital, permite que as empresas recuperem informações e dados inteligentes sobre os gostos dos consumidores, suas preferências e suas escolhas. Isso permite que as marcas adaptem seus serviços e ofereçam produtos mais interessantes.

Além disso, ter uma grande legião de fãs/consumidores agrega valor, pois audiência digital pode atrair potenciais parceiros comerciais – dispostos a pagar mais pelo acesso a uma base de consumidores.

Daí, a importância adicional da criação de um novo modelo de negócios digital na era da mídia social. Toda empresa ou pessoa deve procurar ser uma espécie de Netflix, que além de preocupar em vender seu produto/serviço explicitamente, procure criar e transmitir conteúdo que possa conquistar novos adeptos que, potencialmente, poderão também vir a consumir seus produtos. Os Youtubers são exemplos de profissionais que fazem isso muito bem.

A era das mídias sociais exige uma quebra do modelo tradicional. Observe que as grandes empresas atuam muitas vezes também como plataformas de "entretenimento" e os grandes profissionais como geradores de conteúdo. Aplicativos para diversão, conteúdos descontraídos, tudo muito interessante para consumidor e no meio disso tudo, o produto é apenas um "detalhe" que aparece no contexto. As coisas mudaram e o foco parece ser cada vez mais alcançar, reter e monetizar o engajamento, já que isso pode potencializar o número de conexões estratégicas que podem alavancar sua carreira.

POR QUE VOCÊ DEVERIA SE CONECTAR A PROFISSIONAIS DE OUTRAS ÁREAS?

Uma das grandes questões envolve a criação da sua rede de conexões profissionais. Devemos ou não aceitar todas as pessoas que desejam se conectar à nossa rede? Devemos nós também nos conectar a várias pessoas? Devemos seguir vários perfis nas redes sociais?

Eu respeito a opinião de cada um mas, particularmente, nas redes sociais (com fins profissionais) aceito os pedidos de conexão que recebo, independente da área de atuação ou cargo de quem solicitou. Muitos podem dizer que quem faz isso acaba por colocar na rede conexões "vazias" e que nada têm a ver com o perfil de quem recebeu a conexão. Entretanto, uma frase resume bem a visão que tenho sobre essa questão: ninguém sabe tanto que não tenha nada para aprender e ninguém sabe tão pouco que não tenha nada a ensinar.

Acho essa atitude muito salutar numa rede profissional. Cada pessoa que você segue representa uma nova experiência de vida que você terá a oportunidade de conhecer. Algumas pessoas acham que isso pode diminuir a chance de ter à disposição uma vaga de emprego específica para a sua área de atuação. Entretanto, mais do que empregos a rede visa disponibilizar conhecimento.

Como professor universitário tenho a oportunidade de ter contato todos os anos na sala de aula com pessoas (meus alunos) de profissões totalmente distintas da minha e com as quais, ao ensinar e trocar experiências, aprendo demais. É uma troca extremamente rica!

Nas redes sociais tenho essa oportunidade de trocar experiências justamente seguindo e sendo seguido por várias outras pessoas. A gente aprende (e muito) justamente na diversidade. Imagine se eu me trancasse na minha redoma profissional e só quisesse ter na minha rede pessoas da área de educação ou tecnologia (já que trabalho com o ensino de Ciência da Computação).

Claro que ter pessoas da minha área ajudam a aperfeiçoar os conhecimentos específicos, entretanto, aprendo demais com aqueles que "nada" têm a ver comigo.

Quantas coisas bacanas aprendi acompanhando gente de outras áreas na minha rede social. Aprendi como ser mais equilibrado com psicólogos, aprendi que devemos nos "vender" com os profissionais de marketing, conheci tanta tecnologia nova com os engenheiros, aprendi a cuidar melhor do meu corpo com os profissionais de saúde, aprendi novas técnicas de ensino com professores, aprendi a entender melhor a sociedade e seus problemas com sociólogos e filósofos, aprendi a ter mais garra e motivação com os estudantes, aprendi a estruturar melhor meus textos com jornalistas, desenvolvi mais meu espírito empreendedor com administradores...

Aprendi e aprendo todos os dias. Sou um aprendiz. Por uma questão social e econômica algumas profissões acabam sendo maioria nas redes sociais, mas podemos aprender com qualquer tipo de profissional, mesmo com aqueles que não estão e nem estarão (infelizmente) na internet.

Aprendi com uma senhora (empregada doméstica) que somos capazes de fazer qualquer coisa, até aquelas parecem ser impossíveis para nós, quando há dedicação total. Com mais de 60 anos ela voltou a estudar, aprendeu a fazer bordados e até mesmo a usar o celular. Hoje penso dez vezes antes de desistir de alguma coisa.

Aprendi com um senhor (agricultor simples) de mais de 70 anos o amor pelos animais e valor da palavra compartilhar. Ele mesmo sem ter muito e com muitos filhos, sempre demonstrou o significado real do verbo dividir/compartilhar (mesmo tendo tão pouco). Isso me faz dar cada vez mais valor ao que tenho.

São muitas lições de vida! Por isso, tenho o enorme prazer te ter na minha rede pessoas das mais diversas profissões, dos mais diversos estados e até mesmo de outros países. Essa diversidade é que ajuda a dar uma visão mais ampla e multidisciplinar do mundo. Vale muito à pena! Conecte-se!

CONHECIMENTO E CRESCIMENTO PROFISSIONAL E PESSOAL

PARA SE DESTACAR NINGUÉM PRECISA SER UM GÊNIO

Ser um destaque na sua profissão, ser um bom aluno, ser alguém reconhecido na sua área por ter conhecimento é possível para qualquer pessoa.

Nestes mais de dez anos trabalhando em sala de aula e, até mesmo fazendo uma retrospectiva da minha vida enquanto estudante, cada vez mais tenho certeza de que ninguém precisa ser um gênio para se destacar. Sobretudo quando se pensa em aprendizagem e aquisição de novos conhecimentos vejo muita gente se limitando por acreditar no mito de que ser bom, ser o melhor é apenas para poucos (os gênios).

E isso não é verdade. Muitas vezes os resultados não vêm porque muita gente não sabe estudar ou não sabe como aprender. Se você vai fazer uma prova ou um concurso ou simplesmente quer aprender algo novo para sua profissão, por exemplo, não é possível consolidar conhecimento colocando todos os dados e informações dentro do cérebro em apenas uma noite. Aprender exige tempo, dedicação e planejamento. É um processo de meses ou anos (dependendo do nível e da seriedade que se quer alcançar).

Para se aprender bem qualquer coisa, vejo que é importante assumir o papel do "bom aluno". Isso envolve muitas anotações (no papel e não só digitadas – sim, você fixa muito melhor aquilo que escreve à mão), estudos frequentes, pausas para consolidação do que foi aprendido e práticas.

Mas o mais importante para que tudo isso funcione bem e você se destaque nos estudos e na aquisição de novos conhecimentos, chama-se motivação.

Ela é a mola propulsora de toda a engrenagem. Sem a motivação é bem difícil aprender alguma coisa nova, o caminho se torna muito mais tortuoso e, por vezes, insustentável. Quando for aprender coisas novas pense no quanto aquilo pode acrescentar à sua vida ou carreira.

A existência de um objetivo ou propósito em mente nos dá ânimo e força para irmos muito mais longe do que podemos imaginar. Daí percebemos que ninguém precisa ser um gênio para alcançar os melhores resultados e ser um destaque. Inclusive, por trás daqueles que consideramos gênios, existe muito suor e esforço (não se trata apenas de dom ou de um "passe de mágica").

Seja algo para sua carreira ou simplesmente conhecimentos gerais, aprender bem significa estar motivado e com um propósito. O que se estuda por obrigação e sem prazer não funciona bem.

Observe que as pessoas admiradas e felizes nas mais diversas áreas são pessoas que fazem com prazer aquilo que fazem e que trilharam um caminho com muita motivação na busca da excelência.

Portanto, o segredo para se destacar não é ter nascido um gênio mas aprender a aprender (seja o que for). Se tornar bom naquilo que desejar envolve técnica, tempo, dedicação e motivação. E, permeando tudo isso existe a mentalidade que cada um costuma assumir. A pesquisadora Carol Deck cita um conceito bem interessante chamado de "mentalidade de crescimento" que se opõe à "mentalidade fixa" (procure perceber onde você se encaixa).

Pessoas com mentalidade fixas são altamente limitantes pois acreditam que aprender coisas novas e a própria inteligência em si são inatas, não podem ser modificadas e são determinadas pela genética. São pessoas que têm o discurso do "isso não é para mim", "não tenho capacidade de aprender isso", "sou burro".

E essa mentalidade tem um impacto negativo na vida das pessoas pois induzem a um aprendizado com muito mais dificuldades. São pessoas que focam simplesmente nos êxitos e enxergam os fracassos como algo a ser evitado e impossível de ser superado (o que impede superação das dificuldades).

Por outro lado, pessoas com mentalidade de crescimento acreditam a capacidade de aprender e a inteligência são frutos de esforço e muito trabalho. Os desafios e frustrações (fracassos) são vistos com possibilidade de superação e novos aprendizados, bastando para isso dedicação.

O que parecia impossível no início para essas pessoas, vai se tornando viável à medida que se esforçam e lutam para superar os desafios (tudo é uma questão de tempo e trabalho duro).

Desta forma, ninguém precisa ser um gênio para aprender e ser bom em algo, o importante é justamente ter essa mentalidade de crescimento pois isso fará uma diferença significativa na sua aprendizagem e, consequentemente, na sua carreira. A "genialidade" está muito mais ligada às nossas ações do que aos nossos genes.

Você pode se destacar e ser muito bom (dentro do seu contexto de vida e possibilidades). A única coisa que não vale à pena é não se esforçar por achar que já alcançou seu limite sem sequer ter tentado alguma coisa.

COMO ESTUDAR E APRENDER MAIS E MELHOR

Nas salas de aula vejo que muitos alunos não conseguem alcançar bons resultados em avaliações, ainda que tenham, aparentemente, se dedicado. Então se houve um esforço, por que os resultados não aparecem?

Já fui também aluno um dia e sei que, muitas vezes, falhamos na forma que conduzimos os nossos estudos e nossa vida acadêmica, de uma maneira geral. Deste modo, gostaria de levantar algumas questões que podem ser aplicadas a qualquer pessoa que deseja aprender e estudar de maneira mais eficiente.

A forma com que você estuda e encara essa atividade poderá conduzi-lo a um estudo muito mais eficiente, ajudando a alcançar melhores resultados. Antecipadamente posso adiantar que, não é nenhuma fórmula mágica; tudo tem a ver com o modo mais inteligente que conduzimos essa atividade e com dedicação. Como se diz: "Para a se alcançar a excelência, não existem atalhos".

O primeiro mito que devemos derrubar é o de que os bons alunos alcançam bons resultados apenas porque são talentosos e têm um dom especial para os estudos. Isso não é verdade! Qualquer um pode estar entre os melhores.

Tudo é uma questão de técnicas, estratégias e dedicação. Já vi diversos casos de pessoas que não se destacavam inicialmente e que, depois, figuraram entre os melhores. Do mesmo modo, o caminho inverso também pode acontecer.

Ainda que muitas vezes nos dediquemos e os resultados não venham, continue dando o máximo de si, pois é assim que crescemos. Todo esforço, ainda que aparentemente sem resultados, deve ser encarado como uma experiência e não como um ponto final.

Vejo como o primeiro passo deste processo o elemento motivacional. Você dificilmente vai alcançar bons resultados em qualquer atividade, sobretudo no estudo, se não se sente motivado. Uma das maneiras de se motivar é pensar o quanto esta dedicação de hoje poderá contribuir para o seu futuro.

Às vezes é necessário nos dedicarmos a coisas que não gostamos em prol de um resultado futuro. É o que sempre digo para meus alunos: não vamos gostar de todas as disciplinas e conteúdos vistos na sala de aula, entretanto, todos eles são importantes para sua formação.

Pense em algum profissional de sucesso na sua área de atuação, tenha certeza que ele também passou por dificuldades e precisou manter a motivação para ser um grande profissional. Inspire-se nestas pessoas e veja as dificuldades do caminho como pedras que tornam a caminhada mais difícil, entretanto, não são capazes de impedir a chegada até o ponto final (objetivo).

Estudar exige energia, mente aberta, curiosidade e vontade de experimentar novidades, sempre procurando formas de superar a si mesmo. Aprender para ser bom profissionalmente pode muitas vezes ser desconfortável e exigir uma luta diária, mas sem esforço não há resultados.

Imite as boas estratégias de estudo de seus colegas que têm melhores desempenhos. Observe de perto o que eles costumam fazer. Eles anotam em cadernos? Fazem desenhos? Prestam atenção? Fazem perguntas ao professor? Sentam nas primeiras fileiras da sala? Não interessam quais sejam elas, as boas práticas devem ser imitadas e adaptadas de modo a melhorar os seus resultados no que se refere à assimilação de conteúdos.

O que ele faz que você também poderia fazer? Eu, por exemplo, costumava fazer esquemas (tipo mapas mentais) resumindo os conceitos e as relações entre eles (aprendi isso observando os resumos que os professores costumavam fazer em aulas de revisão). E isso me ajudava muito a fixar o conteúdo, bem como, a relembrá-lo em momentos futuros.

Hoje temos vários recursos tecnológicos que facilitam guardar as informações (tirando uma foto da lousa, por exemplo). Entretanto, não há nada melhor para seu cérebro do que você mesmo reproduzir suas próprias anotações. Eu sou uma pessoa da área de tecnologia, mas não dispenso as anotações manuais em cadernos e/ou bloquinhos de papel.

Procure associar conceitos mais complexos às coisas mais simples que você consiga melhor compreender e lembrar. Claro que todo arsenal tecnológico que está à disposição deve ser usado e é nosso aliado, entretanto, jamais dispense a simplicidade de um caderno, ele pode ser muito eficiente no desenvolvimento de nossas habilidades.

Fazer resumos, imediatamente, daquilo que você acabou de estudar ajuda e muito no aprendizado. Não deixe para depois aproveite que as informações estão "fresquinhas" na sua cabeça.

Lembre-se: mais importante do que o registro desta informação num dispositivo eletrônico é a sua fixação no seu cérebro. Aproveite para exercitar também a sua capacidade de abstração. Abstrair significa eliminar os detalhes, mantendo a essência. Assim é o estudo: não precisamos decorar as coisas e sim aprendê-las, mantendo a essência daquilo que é importante para nosso aprendizado.

Outra coisa que é importante é estar disposto detectar os seus "maiores e menores" erros. Por mais que achemos um conteúdo fácil, jamais deixe de estudá-lo e praticá-lo com constância. Além de ajudar a manter o hábito do estudo (diário ou semanal) isto ajuda a revelar os pequenos erros que poderiam passar despercebidos, tendo reflexos na qualidade final do seu estudo.

Não tenha receio em cometer erros, pois eles são nossos melhores conselheiros. Ao errar pergunte-se: o que eu errei? Por que eu errei? Quais conceitos estão relacionados aos meus erros? Reconheça seus erros assim que cometê-los e procure saná-los imediatamente. Por mais que sejamos tentados, não ignore e nem passe por cima dos seus erros, pois eles são pontos de referência para o aperfeiçoamento (indicando o que podemos fazer para melhorar).

Inicialmente foque naqueles conceitos mais básicos deixando as coisas mais complexas para o final. Entenda uma coisa de cada vez e, aos poucos, vá fazendo as devidas conexões entre os conteúdos. Só siga adiante depois que dominar cada coisa e para reforçar esse domínio faça as repetições (recapitulando o que foi aprendido anteriormente). O nosso cérebro aprende assim: um pouco de cada vez. Ninguém vai se transformar e dominar tudo de um dia para o outro, vamos melhorando aos poucos, repetição por repetição.

Apesar de dar aulas de algumas disciplinas há alguns anos repasso, no dia da aula, todo o conteúdo, por mais que eu já o domine. Relembro os conceitos básicos, refaço os exercícios, me preparo como se fosse a primeira vez que estivesse estudando aquele conteúdo.

Não há nada melhor do que a prática. A prática é um elemento transformador se executada corretamente e intensivamente. Mas isso requer esforço e dedicação para se permitir sair da zona de conforto. Eu costumo passar para meus alunos muitos exercícios referentes ao conteúdo para serem feitos fora do horário de aula, ainda que não irei cobrá-los.

Para alcançarmos bons resultados nos estudos é necessário que tenhamos precisão e façamos repetição. As repetições determinam os resultados futuros. Não faça uma lista de exercícios porque se sente obrigado pelo professor, faça porque quer alcançar o seu objetivo profissional (voltamos mais uma vez na questão da motivação para os estudos).

A partir do momento que você pratica aquilo que acabou de estudar você se torna mais preciso e assimila de modo muito melhor, cometendo muito menos falhas. E outro ponto importante é que a prática não deve ser, necessariamente medida no tempo de relógio. Muito mais importante que o tempo é a qualidade da prática. Melhor fazer três coisas bem-feitas e bem assimiladas do que dez de um modo automático, sem feedbacks e sem um olhar crítico que possam te dar um retorno da qualidade do que acabou de praticar.

Outra coisa importante quando nos referimos ao estudo e a capacidade de aprendizado: é melhor estudar cinco minutos todos os dias do que somente uma hora por semana, deste modo, a assimilação de conteúdos por nosso cérebro é bem mais efetiva. Por isso que um aluno que estuda um pouco todos os dias não precisa "se matar" para estudar tudo um dia antes da prova e acaba obtendo resultados bem melhores do que aqueles que só se esforçam um dia antes.

Outra vantagem da prática diária é que ela se torna um hábito e se você transforma seus estudos em um hábito os resultados certamente aparecerão, sobretudo, na sua futura vida profissional. Mas criar hábitos requer esforço e dedicação, alguns estudos indicam que precisamos de pelo menos 30 dias de repetições para que algo se torne, de fato, um hábito.

Mas cabe destacar que criar um hábito não tem a ver com exaustão, você não precisa levar seu cérebro à fadiga para alcançar bons resultados. Esforço e dedicação são bem diferentes de exaustão.

Uma outra forma de manter a motivação nos estudos é transformá-lo num grande desafio, tipo um jogo. A partir do momento que você passa a contabilizar algumas coisas consegue transformar isso num desafio. Observe em quanto tempo consegue responder determinado número de questões ou estudar certos conteúdos.

Quando for estudá-los novamente procure contabilizar novamente o tempo gasto, e encare isso como um desafio. Quanto melhor for seu desempenho, isso significa que está "jogando" cada vez melhor. Semana a semana, dia após dia tente melhorar sua pontuação e observe que esta pontuação está diretamente ligada aos seus resultados futuros.

Estudar sozinho ou com alguém? Essa é também outra questão que alguns alunos questionam. Estudar em grupos tem uma ótima vantagem que é questão da motivação. Quando temos alguém do nosso lado desistir é bem mais difícil. Entretanto, tenha momentos de estudos individuais, isso ajuda a perceber mais claramente suas limitações e erros, ajudando no processo de aprimoramento.

Quando estudante eu costumava ter um grupo de estudos fixo aos sábados, mas durante a semana, estudava sozinho em casa e aquilo que não conseguia superar sozinho buscava ajuda junto aos meus colegas. Ter a companhia de outras pessoas também ajuda, pois, uma das melhores maneiras de reforçar o que você aprendeu é ensinando aos outros. Quando ajudamos alguém a superar uma dificuldade, reforçamos a nossa própria capacidade de superação.

Outra dica que considero importante é ter uma atitude positiva diante do estudo. Reconhecer os erros, como já foi dito, é importante. Mas não devemos ficar presos a eles e deixá-los servir como elemento de desmotivação. Não olhe como elemento de progresso a quantidade de erros que você cometeu, mas sim a quantidade de coisas que você sabe bem.

Também se possível, termine seus estudos com aqueles conteúdos que você gosta mais, isso ajuda a manter essa atitude positiva diante desta atividade. Quando se sentir estagnado, mude suas estratégias de estudo. Mas jamais deixe de ser paciente e dedicado, pois esta estratégia não tem erro.

O ESTUDO E OS DIFERENTES NÍVEIS DE APRENDIZADO

Somos seres pensantes por natureza. Durante toda a nossa vida estamos aprendendo pelos mais diversos motivos. Pode ser um novo idioma, uma disciplina na universidade, uma nova técnica necessária à atividade profissional, preparação para concursos, etc.

O aprendizado é algo desafiador e saber conduzi-lo pode tornar o caminho da aquisição de conhecimentos muito mais fácil, trazendo melhores e mais rápidos resultados para nossas vidas.

Quando se fala em aprendizado passamos por diversos processos intelectuais crescentes que representam diferentes níveis de aprendizado e, consequentemente, de domínio e utilização do conhecimento, conforme aponta Benjamin Bloom (1972).

E uma das formas de você aproveitar seus estudos, procurando aprender mais e melhor é estimulando a sua passagem pelos diferentes níveis de aprendizado. Não existem fórmulas mágicas e nem receitas de bolo que garantam o sucesso. O que existe é trabalho duro e, cabe a nós, aliar todo o esforço despendido à estratégias que nos permitam ir mais longe e de forma mais sólida.

De acordo com Bloom, existem seis diferentes níveis do domínio cognitivo. São eles: conhecimento, compreensão, aplicação, análise, síntese e avaliação.

A primeira dica seria você fazer uma leitura geral daquilo que vai estudar, como se estivesse fazendo apenas um reconhecimento. Mas isso não implica em uma leitura desatenta ou descomprometida. Conceitos e ideias aparentemente importantes já devem ser grifadas. Se o conteúdo é algo muito extenso você pode dividi-lo em partes. Volte e faça uma ou mais leituras anotando, individualmente, cada conceito que você considera importante naquele momento.

Observe que eu disse "ANOTANDO" e aqui já vem outra dica: escreva numa folha de papel; aquilo que você anota facilita a memorização e, neste caso, anotar digitalmente no computador tem um efeito menos eficiente (é como se o papel dissesse para o seu cérebro que ele é o responsável por lembrar daquilo, enquanto o que você anota no computador deixa essa responsabilidade com a máquina. Para que seu cérebro vai guardar a informação se o computador já está fazendo isso por ele?)

Estamos aqui no primeiro estágio da aprendizagem em que objetivo está muito mais centrado nos processos psicológicos da memória, isto é, buscamos neste momento reconhecer e reproduzir ideias e conteúdos. Neste momento seremos capazes de selecionar informações e buscá-la da nossa memória.

Uma vez que os conceitos estejam "solidificados" na sua memória, ou seja, você já os conhece poderá dar mais uma passo na escala do aprendizado. Nesta nova etapa seu objetivo é verificar se você compreende aquilo que foi estudado. E compreensão neste caso, significa ser capaz de explicar algo de forma correta e análoga, usando sua própria linguagem. É saber explicar algo com suas próprias palavras (só se consegue fazer isso se houve compreensão daquilo que foi estudado).

Enquanto não for possível fazer isso, há um indício de que algo não ficou claro para você. Volte e estude mais um pouco até compreendê-lo. Não atropele os conteúdos, não adianta querer ir para o próximo se lacunas ficaram para trás. O avanço ainda que lento, mas se feito de modo eficiente, é muito mais proveitoso.

Uma vez que você compreende aquilo que estudou e é capaz até de explicar com precisão usando as próprias palavras, é hora de dar o próximo passo. Pare e questione-se: isso que eu aprendi é usado na prática de que maneira? Em quais situações eu posso utilizar todo esse conhecimento que agora eu tenho e compreendo?

Quando você consegue estabelecer esta relação entre teoria e prática, terá dado mais um passo no seu nível de aprendizado. Procurar fazer essa associação, também pode servir como um estímulo, afinal aquilo que sabemos para que serve nos parece muito mais interessante.

Você já conhece, já compreende e já sabe, inclusive, como aplicar aquilo que aprendeu. Agora olhe para o conteúdo como um todo e procure analisar de maneira crítica, indicando as coisas que são relevantes e as que não são (ou são menos). Verifique como os conceitos se relacionam uns com os outros e não os veja de maneira individualizada.

Como aquilo que você estudou lá atrás dá suporte e ajuda a explicar algo que você está estudando agora? É como entender como funciona uma bateria, como funciona um motor e depois perceber como tudo se integra para formar um relógio que é capaz de marcar as horas e indicar a passagem do tempo.

Na sua escalada pela busca de um aprendizado mais eficiente chegamos numa das escalas mais altas quando adquirimos o poder de síntese.

Sintetizar significa ter a capacidade de combinação de elementos e partes, de modo a formar um todo coerente, informativo, coeso e preciso. É como montar um quebra-cabeças juntando todas as coisas que você foi aprendendo. Sabe quando você consegue fazer um resumo de tudo o que você estudou e que é capaz de "substituir" o texto completo? Isso é a síntese!

Sintetizar não é fácil pois envolve compreensão do que é relevante, exige uma costura correta de ideias e criação de um todo capaz de comunicar eficientemente o que é essencial. Trata-se de um processo de autonomia intelectual que exige tempo e dedicação para ser atingida.

Por isso fazer resumos é uma estratégia interessante de ser feita quando já há o domínio daquilo que você aprendeu. Ferramentas como mapas mentais podem te ajudar a desenvolver essa habilidade (se você não conhece vale à pena dar uma buscada sobre isso).

No último nível da escala de aprendizado entramos numa etapa de avaliação. Aqui é quando atingimos um nível de maturidade em um determinado conteúdo em somos capazes de avaliar ou criticar com base em padrões e critérios específicos. Você consegue definir, por exemplo, se determinada técnica é válida para resolver alguma tarefa. Recomendar técnicas ou criticar a sua utilização na resolução de problemas.

Para fazer essa caminhada de forma bem sucedida é importante muita dedicação e, acima de tudo, envolvimento. Como diz o provérbio chinês: "Diga-me e eu esquecerei; mostre-me e talvez eu lembre; envolva-me e eu entenderei."

Conhecer todos esses níveis de aprendizado nos ajuda a definir até que ponto precisamos ou queremos dominar. Nos permite medir e estabelecer metas para sermos reconhecidamente especialistas em algo ou simplesmente conhecedores superficiais. Nos permite ser lembrados como referência em certas áreas e adquirirmos autoridade.

Ninguém sabe tudo e nem precisa saber sobre tudo, mas é importante conhecer profundamente coisas que são essenciais para sua vida e sua profissão para ser reconhecido e alcançar o sucesso.

COMO SER MAIS PRODUTIVO NA HORA DE ESTUDAR E EM OUTRAS ATIVIDADES

Com base na minha própria experiência, em observações e considerando o cenário de hoje (uma nova geração, elementos distratores tecnológicos aos montes, etc.), resolvi elencar algumas dicas que acredito que possam ajudar alguns a serem mais produtivos nos estudos e até mesmo em outras tarefas diárias.

E agora, indo direto ao ponto, seguem as minhas 10 principais dicas para aumentar a produtividade nos estudos e em outras atividades.

Dica #1
Elimine as redes sociais de entretenimento (Facebook, Instagram, Snapchat, etc.)

As redes sociais fazem parte da nossa vida. Eu mesmo acesso diariamente meu feed de notícias. Claro que é uma ferramenta que pode ser útil para uma série de coisas sendo, inclusive, uma ferramenta de trabalho para muitas pessoas. Mas convenhamos que, para maioria das pessoas, é apenas um passatempo. E quando se fala em produtividade elas são um dos nossos principais inimigos.

São muitas informações que nos distraem das nossas metas: uma foto de um amigo, a viagem da sua prima, o jantar do seu chefe... É fácil se perder rolando uma página que não tem fim! São notificações pipocando a todo instante, num ambiente cujo objetivo é prender a nossa atenção e nos distrair de outras atividades. E daí se for estudar acessando o Facebook o resultado não tende a ser dos melhores.

Portanto, quando for estudar desconecte-se do mundo. Sei que não é fácil, mas vai valer à pena. E isso inclui excluir os apps dos celulares também, além de não acessá-los via computador. Num cenário mais radical você pode usar ferramentas que bloqueiem o acesso aos sites das redes sociais.

Os jovens de hoje estão acostumados a fazer muitas coisas ao mesmo tempo, mas estudar tem que ser da forma "tradicional". Redes sociais não combinam com estudo (quando usadas apenas para fins de entretenimento). Não adianta fazer várias coisas ao mesmo tempo se for para fazer algo à "meia boca". Vale muito mais ter algo 100% bem feito.

Dica #2
Acabe com as notificações de aplicativos.

As notificações de aplicativos são outro grande fruto de desatenção e retirada de foco. O Whatsapp então, nem se fala. Não tem como se concentrar em uma atividade com aquela janelinha piscando o tempo todo e implorando por sua atenção.

Se você tem como meta focar numa determinada atividade, experimente silenciar os grupos dos quais participa. Nas configurações do celular é possível também interromper as notificações de outros aplicativos que podem estar roubando a sua atenção.

Dica #3
Estabeleça metas de estudos.

Sempre que for se preparar para uma prova, concurso ou o que quer que seja, estabeleça uma meta do que pretende estudar. Faça um plano de estudos, dividindo o conteúdo que deve ser estudado pelo tempo que tem disponível.

Mas não adianta se enganar! Esse planejamento deve ser algo viável. Estudar muito pouco por período pode "quebrar" demais o conteúdo e, da mesma forma, estudar demais num curto período de tempo pode ser cansativo e pouco produtivo. Planejamento evita surpresas e torna o processo muito mais controlável.

Dica #4
Considere o que já foi feito e não o que falta fazer.

Essa é uma dica que tem um apelo psicológico. Quando estamos estudando, muitas vezes, ficamos apreensivos por conta da grande quantidade de conteúdo que temos que dar conta. Daí que entra o jogo psicológico aqui: vá criando uma lista de tudo o que você já estudou. Desta forma, você muda a ótica para o que você já cumpriu, trocando a apreensão por uma satisfação e um sentimento de conquista e dever cumprido.

Dica #5
Cumpra rigorosamente as suas metas.

Nas dicas anteriores eu falei que devemos planejar. Entretanto, planejamento sem execução não leva a lugar nenhum. Torne o cumprimento do que foi planejado algo corriqueiro, um hábito. Além de gerar um sentimento de dever cumprido, você se sentirá muito mais preparado para os próximos passos. Daí a necessidade de se ter metas viáveis.

O comprometimento aqui também é essencial. Se você se dispôs a cumprir determinada atividade, execute-a até o fim sem interrupções. Uma estratégia é estabelecer um tempo mínimo (por exemplo, 30 minutos) durante o qual sua dedicação será exclusiva àquela atividade. Depois deste tempo, permita-se uns 5 minutinhos de distração como forma de relaxar um pouco. Outra coisa que pode funcionar e manter sua motivação em alta é incorporar pequenas recompensas depois de um período de estudos cumprido com sucesso. Vale tudo: desde presentes até uma saída com amigos, uma caminhada, assistir sua série favorita, etc.

Dica #6
Guarde informações sobre o seu progresso e atividades de sucesso.

Quem estuda deve fazer isso várias vezes. Deste modo, é interessante guardar um histórico sobre como foi o seu progresso nas vezes anteriores. Quanto tempo gastou, o que deu certo, em que ambiente as coisas fluíram melhor, horários mais produtivos, etc. Conhecer bem como as coisas funcionam melhor para você ajuda na motivação e no cumprimento dos objetivos. Conhecer o seu progresso no passado ajuda a melhorá-lo no futuro.

Dica #7
O conteúdo mais difícil é o que deve ser atacado primeiro.

No começo da jornada seu nível de motivação e concentração são bem maiores. Sua energia para estudar estará no ápice. Deste modo, uma boa dica é começar pelas coisas mais difíceis. Uma vez que o maior desafio tenha sido superado, as outras coisas ficarão bem mais fáceis. Na época de provas e concursos eu sempre iniciava pelas matérias mais difíceis, além de ter um tempo maior para elas, uma vez superadas, as próximas fluíam bem melhor.

Dica #8
Organize o seu espaço de estudo e torne-o confortável.

Para alguns pode parecer desnecessário, mas manter o seu espaço de estudo organizado, limpo e confortável, certamente o ajudarão nesta empreitada. É tão prazeroso poder olhar para o seu local de estudo e encontrar tudo bem arrumado. Mas, mais importante que a organização é, com certeza, o conforto.

Tudo que é feito em um ambiente desconfortável tende a ser mal feito e com pressa. Só para fazer uma analogia, imagine ter que assistir um filme de pé em vez de se sentar naquelas confortáveis cadeiras de cinema. Não tem como né?

Dica #9
Junte-se aos bons.

Sabe aquela frase? Diga-me com quem tu andas que eu te direi quem és? Ela, de certa forma vale por aqui. Para quem gosta, estudar em grupo pode ser muito mais motivante e proveitoso. É inegável que o processo de troca de informações torna-se muito mais rico e leve. Mas seus parceiros devem estar na mesma vibe e planejamento que você.

Da mesma forma que se ganha estudando em grupo, se perde se este grupo não for adequado. Bons parceiros são aqueles que têm algo a acrescentar, que possuem os mesmos interesses. Se é alguém que só quer "sugar", é bom rever essa parceria.

Quando eu era estudante tínhamos um grupo de 4 pessoas que se reuniam semanalmente para estudar. Todos tinham algo a contribuir e ajudavam manter o planejamento em rota. Dizem que você é a média das 5 pessoas com as quais passa mais tempo, portanto, estar rodeado de bons parceiros é fundamental.

Dica #10
Anote, anote, anote...

Para mim isso funciona muito bem. Costumo fazer muitas anotações à medida que vou estudando. Mapas mentais, esqueminhas, desenhos, etc...Vale tudo! O ato de fazer anotações ajuda a fixar a informação no seu cérebro. E quando digo anotar me refiro a que seja escrito em papel.

Pode parecer estranho para um professor de tecnologia falar isso: mas sinto falta dos cadernos nas salas de aula. Não dá para confiar só na nossa mente, até porque as informações são muitas e elas precisam de um tempo para serem "digeridas". Anotar as coisas e ler depois de um tempo vai ajudar neste processo.

4. NÃO HÁ PRESENTE MELHOR QUE O BOM CONSELHO

A ARTE DE APRENDER COM OS ERROS

Errar é humano e essa é uma das grandes certezas que temos na vida. Eu erro, tu erras, ele erra, todos nós erramos! Dependendo da fase da vida e do momento que vivemos a frequência e a intensidade dos erros podem variar.

Com a maturidade e experiência os erros são menos frequentes, ou talvez, eles são em igual número mas já aprendemos a lidar melhor com eles e somos atingidos com menor intensidade.

Entretanto, outro pensamento popular, considerado uma "regrinha de ouro" para a vida e que, apesar de óbvio, nem sempre é fácil de praticar nos diz que "devemos aprender com os erros". E para complementar eu diria aprender não só com os nossos próprios erros mas, se possível, com os dos outros.

Acredito que antes de tudo precisamos estar abertos a perceber que erramos, aceitar o erro (e isso não quer dizer insistir no que for errado) e, principalmente, analisá-lo em detalhes e de forma bastante crítica (ainda que isso possa nos causar algum desconforto).

Erros fazem parte da nossa experiência de vida, não há como livrarmos deles, afinal, se os enxergarmos como oportunidades de crescimento, poderemos nos desenvolver como pessoas (seja do ponto de vista pessoal ou profissional). E um dos erros que, por vezes, cometemos é saber que erramos e não procurarmos entender o porquê daquilo ter acontecido.

Só para contextualizar, algo corriqueiro na minha vida de professor acontece com alguns alunos em épocas de provas. Em alguns casos o aluno não vai bem numa prova, por exemplo, e só quer saber a nota sem se preocupar em ver o que errou. E com isso ele perde uma chance de compreender os aspectos que o levaram a "falhar", deixam passar uma oportunidade de aprendizado e, consequentemente, tendem a errar as mesmas coisas novamente em situações futuras. E o pior é se esse comportamento se replica na vida pessoal ou profissional, dificultando o aprendizado por experiências.

Neste aspecto, fica evidente a importância de olhar os erros em uma dimensão muito maior do que simplesmente algo binário, do tipo "errei" ou "não errei".

É necessário ver que tipo de feedback eles nos proporcionam, para que, de uma próxima vez, se não for possível eliminá-los, pelo menos poderemos minimizá-los. E como obter esse feedback? Pode ser por meio de outras pessoas e também (principalmente) por nós mesmos. O feedback transforma-se numa oportunidade de crescimento quando respondemos quatro perguntas: 1) o que eu errei? 2) por que eu errei? 3) o que poderia ter feito de diferente? 4) quais os possíveis resultados das diferentes ações?

Além do feedback dos próprios erros, outro elemento importante é quão bem conseguimos aprender com os erros dos outros. Por mais que passemos por diversas experiências, não é possível vivenciá-las na sua totalidade. Podemos nos aprimorar, criando atalhos de aprendizado, ao nos colocarmos no lugar nos outros. Ou seja, a empatia torna-se relevante neste processo, ajudando nesta caminhada.

Empatia refere-se à capacidade de se identificar com outra pessoa, de sentir o que ela sente, de querer o que ela quer, de apreender do modo como ela apreende etc. Neste processo de identificação em que o indivíduo se coloca no lugar do outro e, com base em suas próprias suposições ou impressões, tenta compreender o comportamento do outro.

Tem uma frase que diz que "errar é humano mas insistir no erro é burrice". Talvez expressão seja um pouco "pesada"; mas vale a reflexão. O problema é, em certas situações, a gente persistir em ações que já foram testadas e sabidamente levam à falhas. Mas não tem nada de ruim em insistir nas mesmas experiências que nos levaram aos erros, afinal, novas formas de lidar com um problema poderão nos levar ao aperfeiçoamento.

E para finalizar, outra frase que resume muito bem todas essas questões levantadas: "Se hoje erramos, amanhã já podemos contar com mais esta experiência e já seremos mais sábios que ontem."

A IMPORTÂNCIA DE ENXERGAR O OUTRO LADO DA MOEDA

Quando se fala de carreira e, até mesmo da vida como um todo, é muito importante enxergarmos a razão das coisas e a oportunidade de tudo que nos é oferecido e vivenciamos.

Às vezes vivemos muito no automático e não paramos para observar que tudo que vivemos no nosso dia a dia, no nosso trabalho, tem algo a nos ensinar e que pode servir de ponte para sermos um profissional mais preparado, realizado e mais feliz.

Um dia estava ouvindo uma mensagem que citou a logoterapia (terapia do sentido) e pude observar o quanto a forma de encararmos as coisas e enxergarmos um sentido otimista pode ajudar.

O médico psiquiatra austríaco, Viktor Frankl, criou a logoterapia que se baseia na ideia de que todas as pessoas estão em busca de um sentido existencial (o porquê da vida). Daí fazendo uma ligação, penso que isso se aplica às nossas carreiras e ajuda a explicar a infelicidade de muitos empregados.

Uma pessoa pode ser feliz durante um determinado tempo fazendo algumas coisas, mas é da natureza humana a mudança, a transformação. Podemos ser felizes num emprego durante alguns anos, mas de repente, aquilo que fazia sentido, talvez, agora não faça mais (é nisso que você deve estar atento).

Seja por apego ou acomodação, as pessoas ignoram a possibilidade de transformação e querem sempre viver a mesma experiência, viver exatamente do mesmo modo. O resultado disso pode ser a infelicidade, a depressão. Daí elas ficam sem entender, afinal, tudo é igual e agora, do nada, elas não se sentem mais felizes nos seus empregos.

E aí é que está a resposta: talvez a vida tenha mudado e elas não perceberam. Segundo a logoterapia qualquer ser humano é capaz de superar qualquer dor, qualquer desafio, desde que ele enxergue um sentido, um porquê. Aprenda a ver o porquê certa atividade você considera boa ou desinteressante, o porquê de certas pessoas te motivarem e outras não.

Quando você entende o sentido das coisas, a vida da gente muda e isso nos permite escolher direções que sejam mais adequadas ao que estamos vivenciando e buscando.

Portanto, uma coisa que aprendi por experiência própria e pelas experiências das pessoas com quem convivo é que mesmo as coisas ruins podem ser vistas, vividas e encaradas de um outro prisma.

No contexto da vida profissional, até mesmo uma situação de desemprego pode ser uma oportunidade da vida de nos ensinar algo diferente, uma chance de aprender coisas novas, uma oportunidade de mudar para algo melhor e que nos faça realizado. O que parece ser o fim da linha pode ser, na verdade, o começo de uma nova rota de uma maravilhosa viagem.

Quando ocorre uma mudança grande ou várias pequenas mudanças a nossa vida, em vez de temermos, sermos negativos, sentirmos medo ou receio, podemos ser otimistas.

Devemos abrir nossa mente para as novas oportunidades e as novidades que a vida nos apresenta. Portanto, tire o melhor de cada fase da vida, de cada experiência, mesmo as coisas não muito prazerosas têm muito a nos ensinar, basta enxergarmos o porquê. Lembre-se, em muitas situações olhar o outro lado da moeda pode fazer todo o sentido.

VIDA PROFISSIONAL: É PRECISO NAVEGAR EM ÁGUAS TURBULENTAS

Existe um pum provérbio português que diz: "É na tempestade que se conhece o marinheiro".

Muitas vezes nos deparamos em nossa vida profissional com situações e problemas que parecem ser intransponíveis, gerando aquela sensação de que o fardo é muito maior e mais pesado do que podemos suportar.

Um desafio novo, um projeto grandioso, novas funções e atividades, tudo isso pode surgir de uma hora para outra e gerar na gente uma sensação de medo. Entretanto, apesar de não ser fácil, devemos encarar os desafios que nos são dados como uma oportunidade de nos tornarmos mais fortes e melhores.

Toda oportunidade traz junto um desafio, mas lembre-se que o desafio traz junto uma oportunidade. E para que isso aconteça, trazendo benefícios, é importante que você tenha uma atitude positiva, pois isso será determinante para que o desafio se transforme em oportunidade.

São os problemas e as dificuldades do dia a dia que nos fazem crescer. Lidar com situações novas, difíceis e desafiadoras é que nos torna um profissional melhor e mais experiente. Se considerarmos que a nossa vida profissional é um barco e só ficarmos ancorados no porto, nada de novo acontecerá.

É na tempestade que se conhece o marinheiro, principalmente o bom marinheiro, aquele que está pronto e merece oportunidades de crescimento pois está disposto a enfrentar as tempestades que o mar reserva.

Lembro que quando decidi entrar para a área acadêmica, me tornando um professor, a primeira vez na sala de aula foi muito difícil. Dominar o conteúdo, passá-lo de forma didática, de modo adequado, no tempo certo e para diversas pessoas com expectativas e personalidades diferentes parecia algo impossível. Confesso que na primeira vez quase quis desistir. Achei que jamais daria conta de tanta novidade.

Para um jovem que está começando em qualquer profissão ou mesmo para um profissional que se arrisca em novos projetos, o novo e desconhecido podem causar um certo medo.

Mas o importante é não desistir, enfrentar a tempestade e seguir em frente. Muitas vezes o barco vai chacoalhar bastante e quase virar, mas daí lembre-se de outro provérbio: "depois da tempestade vem a bonança e a calmaria".

Colombo jamais teria chegado à América se tivesse medo da tempestade e do desconhecido. E veja no que deu, a história hoje o reconhece como um dos maiores navegadores. E assim é nossa vida.

Retomando à minha própria história, depois de algumas aulas que se apresentavam como tempestade, tudo foi ficando mais calmo, muito mais tranquilo. O mar já não estava assim tão revolto e eu vi que era capaz de navegar e vencer a tempestade. Hoje me sinto um marinheiro muito mais capaz e já consigo navegar muito mais tranquilamente.

Claro que os novos desafios profissionais ainda causam um certo "temor", mas daí olho para trás e vejo que as tempestades são passageiras e que um mundo novo de oportunidades se abre para aqueles que decidem enfrentá-la, saindo da calmaria do porto.

Jamais deixe de enfrentar os desafios da sua vida profissional. O desafio enfrentado hoje é oportunidade que se abre amanhã. Saia do porto, enfrente a tempestade e tenha uma boa navegação.

CONSELHOS DE UM PROFESSOR PARA OS FUTUROS PROFISSIONAIS

O início da carreira de um profissional começa junto com sua vida acadêmica, quando ele escolhe o curso que deseja seguir, sua universidade ou faculdade. É um momento ímpar, talvez único e, com certeza, um dos mais importantes da vida.

Desde que iniciei minha carreira como professor universitário e, posteriormente, como coordenador de cursos já tive a oportunidade e o prazer de conversar e aconselhar muitos alunos. Quando era aluno também recebi diversos conselhos de professores que foram úteis durante esta importante fase da minha vida e sou muito grato por isso.

"Não há presente melhor que o bom conselho (Erasmo de Rotterdam)". Na vida sempre estamos aprendendo, somos todos eternos aprendizes, mas quem já tem um pouquinho mais de experiência pode e deve compartilhar o que sabe, ajudando a tornar o caminho daqueles que estão na estrada, um pouco menos tortuoso.

Gostaria de falar especialmente com aqueles que estão começando a sua vida profissional ou mesmo com aqueles que estão recomeçando.

A primeira e mais importante decisão que você deve tomar é com relação à profissão que pretende seguir. Dinheiro e oportunidades no futuro mercado de trabalho são importantes, mas te digo de coração, jamais oriente as suas escolhas somente por esses critérios. Não há como ser um bom profissional, sentir-se realizado e feliz se você não fizer o que gosta. Um curso realizado com base em frustrações constantes não tem como ser uma boa escolha.

Lembro da minha própria história. Em 1998, eu estava exatamente nesta fase da vida, decidindo o que seria o meu futuro profissional. Na época eu tinha 3 opções, por conta dos vestibulares que eu havia feito e sido aprovado. Poderia optar por fazer Engenharia Mecatrônica em Minas Gerais, Engenharia Elétrica ou Ciência da Computação (ambas na Bahia). Optei inicialmente por ser engenheiro mecatrônico. Mudei para Minas Gerais e estudei durante um mês numa conceituada Instituição de Belo Horizonte.

Entretanto, meu coração logo me mostrou que aquela não era minha profissão... Eu não queria ser engenheiro, não era aquilo que fazia os meus olhos brilharem. Ainda tive a sorte de ter pais que sempre me apoiaram. Isso facilitou a minha decisão: optei por fazer Ciência da Computação. E foi, com toda a certeza, a melhor escolha da minha vida. Não porque a Computação seja melhor que engenharia, mas por que ela era a melhor opção para mim. E este é o primeiro conselho que dou para meus alunos:

FAÇA AQUILO QUE VOCÊ GOSTA!

Já tive alunos que iniciaram na Computação e, depois, mudaram para outros cursos completamente diferentes e, hoje, estão felizes e realizados. Escute o seu coração e jamais tenha medo de mudar. A vida é feita de rotas que precisam ser recalculadas a todo momento.

Uma vez que você tenha feito a sua escolha aproveite tudo o que a faculdade/universidade tenha a oferecer. As aulas te dão apenas a base do que é importante para sua vida profissional, portanto, dedique-se, mas não se limite a elas. Leia livros que vão além daquilo visto em sala de aula. Não leve dúvidas para casa (o professor está ali para te ajudar a esclarecê-las). Faça iniciação científica, projetos de extensão, participe ativamente daquilo que você tenha à sua disposição.

Mais uma vez dou um exemplo real do que aconteceu comigo. O fato de eu ter participado de uma empresa júnior e de um projeto de iniciação científica foram diferenciais importantes que me ajudaram a ingressar no mestrado. E mais do que isso, o conteúdo extra que estudei durante a iniciação científica (que não fazia parte das disciplinas oferecidas pelo curso) foi o que abriu a oportunidade de eu iniciar como professor em uma universidade em 2010 (eles estavam precisando de alguém que trabalhasse exatamente com o conteúdo que eu havia aprendido, ainda enquanto estudante universitário). Portanto:

CURRÍCULOS RECHEADOS VÃO FAZER TODA A DIFERENÇA NO FUTURO

Outra coisa importante é que, dificilmente, você vai gostar de tudo o que será estudado na sua vida acadêmica. Eu mesmo amo a Computação, entretanto, nem todos os assuntos da área eu gosto ou tenho afinidade. Desta forma, ainda que não goste de certos conteúdos não deixe jamais isso te desanimar. Dificuldades sempre ocorrerão, isso é natural. Não somos e nem precisamos ser bons em tudo.

O CAMINHO É SEMPRE CHEIO DE PEDRAS, MAS SE ELE LEVA AO OBJETIVO É IMPORTANTE SE MANTER FIRME E FORTE

O mundo acadêmico também é cheio de armadilhas e uma das piores se chama "cola". É muito frustrante para um professor ao fazer, por exemplo, uma avaliação (prova) ter que atuar como fiscal. Ou pior ainda, alunos que ficam tentados a simplesmente colocar o nome em projetos ou trabalhos, sem ter se esforçado durante a sua realização.

Para e pense: ao fazer isso o aluno não está enganando o professor, mas enganando a si próprio. A imaturidade não faz enxergar que isso é um boicote a si mesmo, ao seu próprio futuro. Um conteúdo não estudado, um projeto não realizado é uma oportunidade de aprender que está sendo perdida.

JAMAIS DESPERDICE AS OPORTUNIDADES DE APRENDER

Ter um bom currículo e boas notas é sempre muito positivo, mas muito mais importante do que notas é a sua atitude. Não é a nota que cria o conceito de um aluno para um professor e seus colegas, mas a sua dedicação em sala de aula. E por que é importante ter um bom conceito? Networking é a resposta. Quem é bem visto e bom, sempre será lembrado.

O meu primeiro emprego foi fruto de um convite de uma ex-professora minha. E sabe por que fui convidado? Porque era considerado um bom aluno. Hoje, no papel de professor, recebo contato de empresas solicitando indicações de alunos para vagas de estágio/emprego. E sabe quem vou recomendar? Aqueles que são dedicados. Dedicação é uma das melhores formas de semear bons frutos.

SEJA SEMPRE UM BOM ALUNO E ISSO NÃO TEM A VER, NECESSARIAMENTE, COM NOTAS

Como eu disse anteriormente, momentos de dificuldade e desânimo poderão bater à sua porta, mas daí você deve pensar que os frutos serão colhidos no futuro. Encare as dificuldades como momentos de aprendizado. Busque a motivação dentro de você, tudo que vem de dentro de nós é muito mais forte. Já no mestrado, quando tive que mudar de cidade e viver longe de toda a minha família em outro estado, passei por momentos que não foram fáceis, mas daí eu sempre lembrava que todo o sacrifício era por algo que escolhi e acreditava, e que colheria os frutos depois.

O SEU FUTURO PROFISSIONAL DEVE SER A SUA MAIOR MOTIVAÇÃO

E para finalizar gostaria de citar uma frase que li na internet certa vez que dizia: "Pedras no caminho? Guardo todas. Um dia vou construir meu castelo".

CONHECIMENTO É SEU MAIOR PATRIMÔNIO

O estudo é aplicação da inteligência para compreender algo que se desconhece ou de que se tem pouco conhecimento. Eu acrescentaria a essa definição, o estudo como sendo uma "ferramenta de ascensão social", porque ele é, a meu ver, a melhor ferramenta de crescimento, pois ele agrega conhecimento que hoje é fundamental.

Obviamente que estudar exige muita dedicação e sacrifícios, mas ele te dá uma base sólida para crescer (do ponto de vista pessoal, social e profissional). E num país tão desigual quanto o nosso é, certamente, um dos caminhos mais viáveis para promover uma mudança na vida das famílias brasileiras.

Claro que quando se fala em educação vem uma série de fatores que têm uma relação direta com esse tema: disponibilidade de escolas públicas, qualidade de ensino, remuneração de professores, trabalho infantil. etc.

Mas, abstraindo esses fatores (sem ignorá-los), apesar de todas as dificuldades e deficiências do nosso sistema educacional, ele é ainda o caminho mais viável para o crescimento social. Por conviver diariamente no meio educacional, vejo vários exemplos de pessoas que mudaram de vida, graças ao estudos. Tenho certeza de que você leitor, talvez, tenha mudado a sua vida porque teve a oportunidade de ter estudado.

A minha própria história e da minha família tem uma ligação muito forte com a questão de educação. Não é à toa que me tornei professor, o amor aos estudos, o aprender sempre algo novo e a chance de compartilhar isso sempre foram uma chama acesa dentro de mim. Meus pais vieram de realidades simples, cidades pequenas mas conquistaram tudo com o estudo.

Essa realidade exigiu sacrifício por parte da minha família: eles tiveram que se mudar de cidade, para um lugar maior, justamente para poder estudar e crescer.

Infelizmente, não puderam chegar ao nível superior, mas o segundo grau, naquela época já era uma grande conquista. Minha mãe fez o magistério, tornou-se professora dentro da rede pública de ensino. Meu pai fez contabilidade e como principal emprego tornou-se funcionário público.

E o esforço dos dois pôde proporcionar a mim e à minha irmã, oportunidades que eles jamais tiveram. Não tivemos nenhuma vida de luxo, mas podemos desfrutar de uma vida sem precisar passar por necessidades como infelizmente, muitos passam. Éramos uma família de classe média (essas classificações são sempre bem complicadas, mas é mais para poder ilustrar).

E uma das prioridades dos meus pais sempre foi oferecer a seus filhos o melhor possível em termos de educação. Tive o privilégio de estudar em escolas particulares até o segundo grau. Depois fiz minha graduação, mestrado e ingressei no doutorado, todos em instituições públicas.

E como poderíamos retribuir todo o esforço deles? Estudando e podendo fazer eles se orgulharem das nossas conquistas. Para eles, nos ver alcançando um diploma universitário, nos pós-graduando (mestrado e doutorado), é motivo de muita alegria. Meu pai já não é mais vivo, mas se foi com o sentimento de "dever cumprido".

Meu primeiro emprego conquistei porque era um bom aluno e quando surgiu uma vaga para dar aula numa faculdade, minha ex-professora, se lembrou de mim e me convidou. E quando a procurei era para me oferecer uma oportunidade de trabalhar como professor na faculdade em que ela era coordenadora do curso de Sistemas de Informação. E ela só se lembrou de mim, justamente porque era um bom aluno. Ali começava a minha carreira docente.

E uma mensagem que gostaria de deixar é que quando fazemos as coisas com afinco e dedicação as pessoas tendem a se lembrar da gente. Sou um exemplo vivo de que essa é uma situação bem verdadeira. Atuando como professor e coordenador de cursos de computação, recebo contato de empresas pedindo indicações de alunos para contratação e estágio. E quais eu recomendo? Certamente os mais dedicados e empenhados (e isso não tem a ver necessariamente com notas, como costumo dizer).

Entrei no mestrado porque construí um bom currículo acadêmico e no doutorado também. O meu emprego também consegui por ter um bom currículo. Quando você constrói uma boa e sólida base as suas chances aumentam e melhor, sem precisar de favores dos outros, porque você conquista por ter méritos. Claro que o famoso QI (Quem Indica) e as relações pessoais desempenham um papel relevante em todos esses processos, mas eles não têm como garantir nada se a pessoa não estiver preparada.

E é essa mensagem que tento passar para quem busca uma carreira: estude de verdade, conhecimento nunca faz mal a ninguém e pode mudar sua vida. E quando digo estudar de verdade me refiro a não estudar somente com o foco em boas notas, mas sim com qualidade.

Mais importante que notas é garantir um processo realizado com dedicação e tendo como foco o quanto o estudo pode proporcionar uma melhora de vida. E nesse sentido, "colas", "decorebas", "trabalhos feitos por outros colegas", etc. e todas essas atitudes condenáveis, tornam-se incompatíveis com uma formação de qualidade e que só trará benefícios futuros.

Infelizmente, nem todos vão ter a oportunidade de entrar numa faculdade, mas isso não os impede de estudar (ainda mais num mundo tão conectado e farto de informação). Se somos denominados hoje de sociedade do conhecimento, quem o detém sai na frente.

E sabe o que sempre ouvi dos meus pais? Conhecimento é o único bem que ninguém pode tirar de você. Claro que alguns podem "vencer na vida" sem precisar estudar, mas isso é cada vez mais raro. E o prazer que "aprender algo novo" proporciona, não tem preço. Como diz aquela famosa frase: "A mente que se abre a uma nova ideia jamais volta ao seu tamanho original". E mentes abertas é que mais precisamos para nosso futuro, das nossas famílias e do nosso país.

O QUE EU APRENDI COM MEUS PAIS

Os presentes mais preciosos que um filho pode receber são o amor, o exemplo e os conselhos de seus pais. Amor de pais é assim: não importa a situação, quanto tempo passe e nem quão longe estamos, eles sempre estarão conosco de alguma forma...sempre...

Esta parte do livro é uma celebração ao amor que sempre recebi deles. Eles sempre trabalharam duro para garantir um alicerce firme e condições para que eu tivesse uma vida estável e um futuro com boas perspectivas. Ambos me ensinaram, principalmente por meio dos seus exemplos, lições valiosas sobre trabalho, estudos, pessoas, relacionamentos e vida. Lições que eu gostaria de partilhar com você. Estas são algumas lições que aprendi com meus pais:

- Errar faz parte do processo e do sucesso: meus pais eram perfeitos para mim, mas claro que como qualquer pessoa, também cometiam falhas. Eles sempre me mostraram que não há problema em errar, a gente não precisa ser perfeito o tempo todo. Errar faz parte do processo da vida, entretanto, devemos aprender com os erros de forma a tentarmos não errar novamente. Os erros nos moldam, nos ensinam e nos tornam melhores e mais preparados para os desafios futuros. Em muitos casos, o sucesso vem à custa de muitos erros.

- Você não é pior e nem melhor do que ninguém: está aí uma coisa que sempre guiou minha vida. Nunca me senti menor e nem melhor do que ninguém. Quando você se sente pior e inferior aos outros, não terá forças e nem confiança para buscar os seus sonhos. Saber que você pode ser o que os outros são e alcançar o que outros também alcançaram vai ajudar a mantê-lo sempre na luta por seus sonhos. Não se sentir superior aos outros serve como um exercício para aquilo que é para mim uma característica admirável: a humildade. E, ainda que não alcance tudo o que deseje, tudo terá valido à pena.
- Respeite e escute os mais velhos: o respeito às pessoas mais velhas é fundamental. Quanta coisa podemos aprender se soubermos ouvir aqueles que já tiveram várias experiências. Conversar e escutar as pessoas mais velhas é receber um banho de conhecimento de forma gratuita, é conhecer os atalhos da vida e diminuir os espinhos que encontraremos pelos caminhos.
- Nunca passe por cima de ninguém: ser ambicioso e querer alcançar pontos cada vez mais altos, não é defeito, muito pelo contrário. Devemos sempre manter acesa a chama do crescimento (pessoal e profissional), mas isso deve ser um processo que transcorra de forma honesta. Para ser alguém e conquistar o seu espaço na vida não devemos passar por cima de ninguém. Tudo o que é conquistado às custas de "puxadas de tapete" e passando os outros para trás, não vale à pena e nem se sustenta.
- Seja paciente com as pessoas: por mais difícil que seja, devemos estar aptos ao exercício da paciência. As pessoas têm ritmos e tempos de respostas bem diferentes. Alguns apresentam maior dificuldade para realizar determinadas coisas e, para estes, devemos olhar com carinho. Aprendi, portanto, a saber esperar e entender o tempo de cada um. O que é simples para um é complicado para o outro. Para alguns, às vezes, serão necessárias mais repetições, será necessário um tempo maior e, por isso, devemos ser pacientes pois, um dia, nós também poderemos precisar da paciência dos outros.
- Em um mundo de diferentes a tolerância é tudo: a vida nos coloca em contato com muitas pessoas distintas, com cabeças e pensamentos bem diferentes, inclusive, dos seus. É preciso saber

respeitar as diferenças, a gente pode não concordar, mas é preciso respeitar. Na verdade, essas diferenças entre as pessoas enriquecem as nossas experiências, nos tornam mais flexíveis. Precisamos lidar com as diferenças e ver o quanto isso enriquece a nossa visão de um mundo múltiplo, de diferentes e tão rico.

- O estudo abre as portas e é o maior bem que um pai pode deixar para um filho: estudar é a melhor forma de vencer na vida. O estudo abre oportunidades que jamais viriam por outros meios e o melhor de tudo é que, diferente das coisas materiais, ninguém pode tirá-lo de você.
- Seja uma boa pessoa para encontrar boas pessoas: a vida não tem que seguir a máxima do ímã em que os opostos se atraem. Pelo contrário, em muitas situações, atrair os semelhantes pode ser o melhor caminho. Conviver com boas pessoas tornará sua vida muito melhor. Os bons atraem os bons, daí a importância de ser um deles.
- Saiba conviver com o pouco, mas jamais deixe de buscar o muito: em certos momentos da vida não poderemos ter tudo que queremos e precisaremos saber conviver com essa situação. Entretanto, jamais devemos deixar de sonhar e traçar metas maiores, pois é isso que nos motivará a continuar caminhando. A ambição não é algo ruim, desde que alicerçada em bons princípios.
- Seja fiel às pessoas e aos seus princípios: não existe coisa pior do que quebrar a confiança das pessoas. Uma folha amassada jamais volta a ser como antes. Nós não precisamos fazer as coisas "só porque todos estão fazendo". A pior violência é aquela que você faz contra si mesmo, desagradando-se para agradar aos outros.
- Viva aquilo que a sua renda permite: A relação com o dinheiro pode ser uma grande dificuldade, principalmente, se você não souber gerenciá-lo. Mas um passo maior que as pernas, com certeza, irá derrubá-lo. Você deve ajustar a sua vida de acordo com sua renda. Dívidas são como bolas de neve que destroem tudo e todos à sua frente.
- Trabalhe com aquilo que te faz feliz: sempre tive o apoio dos meus pais para ser aquilo que eu quisesse ser. Trabalhar com o que você gosta tornará tudo mais leve.
- Não se envergonhe das suas origens: meus pais vieram de cidades pequenas e sua história de dedicação e crescimento foram as minhas maiores inspirações. A gente só deve ter vergonha daquilo que é ruim.
- Respeite e cuide dos mais velhos: o nascer do sol não é mais bonito que o pôr do sol. Sou grato por ter aprendido com meus

pais o respeito pelos mais velhos. Envelhecer não é fácil e pode ser muito solitário sem o apoio das pessoas. Ame os idosos, escute-os, demonstre seu amor por eles. Lembre-se que um dia você também estará do outro lado.

A família é nosso maior bem. Sou muito agradecido por ter crescido em uma família cheia de amor, carinho e alegria. Se você não teve essa possibilidade, procure oferecer essa oportunidade aos seus filhos. Com certeza, eles sempre vão te agradecer por isso.

O MITO DO "EU SOU RUIM EM ALGO": TUDO É QUESTÃO DE TRABALHO DURO, PREPARAÇÃO E AUTOCONFIANÇA

Lendo um texto sobre o mito de as pessoas se considerarem ruins em matemática, fiquei pensando como, na verdade, esse mito se aplica em "todas" as áreas da nossa vida, e em qualquer área do conhecimento. Frequentemente vemos as pessoas dizendo que simplesmente não são boas em determinadas coisas e pronto.

Não sou bom em matemática, não sou bom em português, não sou bom em tecnologia, em inglês.... E por aí vai.... Aceita-se isso como uma verdade plena que jamais poderá ser alterada.

A verdade é que nós, provavelmente, podemos ser bons em "qualquer" coisa e, por pensar de outra forma, acabamos nos boicotando e prejudicando, inclusive, a nossa própria carreira. Pior ainda, podemos estar ajudando a perpetuar um mito da capacidade genética inata.

A capacidade para algumas áreas é genética? Possivelmente, em algum grau. Albert Einstein, famoso físico alemão (uma das maiores mentes da nossa história), desenvolveu importantíssimas teorias que o caracterizam como um gênio. Essencialmente "nenhum" de nós jamais poderia ser tão bom em física quanto Einstein, não importando quão duro estudássemos ou quão bem nos ensinassem.

Mas a questão colocada aqui é outra: nós não precisamos ser tão bons quanto um gênio. Para a conhecimentos básicos ou até mesmo um pouco mais avançado em qualquer área, talento inato é muito menos importante do que trabalho duro, preparação e autoconfiança.

E isso pode ser observado na forma como lidamos com o conhecimento desde a nossa infância. Voltando ao texto que me referi no início, lá é colocada uma coisa bem interessante. Primeiro de tudo, até mesmo por uma questão de individualidade e experiências de vida, cada pessoa apresenta diferentes níveis de preparação para uma determinada área ou conteúdo específico.

Algumas pessoas, por exemplo, foram incentivadas pelos pais desde muito jovem para adquirirem certo conhecimento numa área, enquanto outros nunca tiveram esse tipo de estímulo.

Daí, por não termos tido essa preparação prévia, por estarmos despreparados, ao vermos alguém apresentar melhor desempenho que nós podemos supor (ainda que inconscientemente) que aquela pessoa tem uma pré-disposição (genética) suficiente para determinar a diferença de desempenho na execução de uma atividade e que "eu simplesmente não posso ser tão boa quanto ela, pois não nasci com aquelas habilidades".

A menos que você esteja se comparando com um gênio, isso não é verdade. É tudo uma questão de querer saber algo, de preparação e dedicação.

Se simplesmente acharmos que "não levamos jeito para a coisa" e não nos esforçarmos, ficaremos ainda mais para trás e só ajudaremos a reforçar o mito de que o conhecimento está puramente ou fortemente ligado somente ao talento inato. Assim, a crença das pessoas de que a capacidade de saber sobre algo não pode mudar, torna-se uma profecia autorrealizável.

A inteligência e, consequentemente, a nossa capacidade de adquirir conhecimento pode até conter traços genéticos, mas o esforço tem um papel fundamental nesse processo.

Alguns estudos acadêmicos de psicologia que investigam a visão de mundo que está por trás dessa capacidade de sermos bons ou ruins em algo trazem algumas observações interessantes. Por exemplo, a psicóloga Patricia Linehan e outros colegas (da Universidade de Purdue) indicam que: existem duas orientações em relação à capacidade. Pessoas com uma "orientação incremental" acreditam que a nossa capacidade (inteligência) é maleável, aumentando com o esforço. Pessoas com uma "orientação não-incremental" acreditam que temos uma capacidade fixa que não aumenta com o esforço.

E, portanto, dependendo do que a pessoa acredita, isso se reflete diretamente na sua dedicação e aumento da capacidade. Nesse estudo, eles descobriram que os estudantes que concordavam que "Você sempre pode mudar significativamente quão inteligente você é" tinham notas mais altas do que os demais.

Como forma de validar as observações os pesquisadores convenceram um grupo estudantes de que a inteligência é altamente maleável e pode ser desenvolvida pelo trabalho duro, que a aprendizagem muda o cérebro através da formação de novas conexões e que os estudantes são responsáveis por este processo de mudança.

O resultado foi o seguinte: os estudantes convencidos de que eles podiam tornar-se mais inteligentes, se dedicaram mais e conseguiram notas mais altas. A intervenção teve o maior efeito para os estudantes que inicialmente acreditavam que a inteligência era apenas genética.

E o que podemos concluir de tudo isso? Adquirir novos conhecimentos e novas habilidades são cada vez mais importantes para a obtenção de bons empregos. Portanto, acreditar que você não pode aprender algo é especialmente autodestrutivo. Precisamos nos convencer de que qualquer pessoa pode aprender o que quiser, bastando trabalhar duro o suficiente.

Se observarmos algumas nações asiáticas cujas populações têm a fama de serem inteligentes (japoneses, chineses e coreanos) veremos que a abordagem nesses lugares se baseia mais no trabalho duro do que no talento inato. Conforme relata Nisbett (autor do livro "Intelligence and How to Get It"):

1) As crianças no Japão vão para a escola cerca de 240 dias por ano (no Brasil são cerca de 200 dias);
2) Estudantes do ensino médio japonês da década de 1980 estudavam 3,5 horas por dia e esse número, provavelmente, é maior hoje;
3) A coisa já está tão enraizada na cultura que eles, desde criança, sabem que a inteligência e realização intelectual são altamente maleáveis;
4) Quando eles fazem mal alguma coisa (japoneses, coreanos, etc.) respondem, trabalhando duro;
5) A persistência em face do fracasso é uma parte muito importante da tradição asiática de auto aperfeiçoamento. E as pessoas nesses países estão acostumadas às críticas. Já os ocidentais procuram evitar as críticas ou se sentem ressentidos quando estas ocorrem.

Que esse tipo de cultura sirva sempre de inspiração para todos nós na busca de nos tornarmos mais capacitados/inteligentes. Que possamos sempre caminhar na direção de uma cultura de trabalho duro e não de uma cultura de crença no "determinismo genético". No debate entre "natureza versus dedicação", o elemento esforço jamais pode ser deixado de lado. Se quisermos realmente, podemos ser mais, muito mais. Tudo é questão de trabalho duro, preparação e autoconfiança.

5. MUNDO MODERNO, TECNOLOGIAS E PROFISSÕES

QUANDO A TECNOLOGIA VAI AFETAR O SEU NEGÓCIO E O SEU EMPREGO?

Hoje diante dos grandes avançados tecnológicos o impacto da tecnologia nos mais diversos negócios e empregos é apenas uma questão de tempo. Ainda que setores possam ser impactados num ritmo menor, a tecnologia é um caminho sem volta. Não é questão de argumentarmos se haverá ou não impacto e sim quando isso vai ocorrer. E estar preparado para esse momento é a melhor forma de não ficar para trás e não ser engolido.

Estamos vivenciando a chamada quarta revolução industrial, marcada sobretudo pela atuação de robôs e sistemas ciberfísicos. Um cenário baseado na convergência das tecnologias digitais que são responsáveis por promover uma transformação radical.

Muitas empresas que já perceberam, ou melhor, que já se preparam para esta nova realidade, certamente, conseguirão sobreviver e assumir um papel de destaque. E quando você olha o contexto histórico, entende que são ciclos que exigem adaptação das empresas, da indústria e dos profissionais. Foi assim com a invenção das máquinas à vapor, com energia elétrica, com os computadores, com a internet e agora, com os robôs e máquinas inteligentes.

As máquinas à vapor tiraram o emprego de muitos trabalhadores braçais, mas criaram tantos outros. A eletricidade promoveu a demissão em massa das pessoas que acendiam lampiões que iluminavam as ruas, mas criou outros empregos. Os computadores e a internet modificaram a forma com que as pessoas podiam realizar o seu trabalho, modificou o modelo de tantos negócios e, com certeza, foi responsável por extinguir algumas coisas, mas ninguém duvida dos seus benefícios.

Com os robôs e as máquinas inteligentes acontecerá exatamente a mesma coisa: muitos empregos poderão ser extintos, mas milhares e maiores oportunidades serão criadas. Por isso, é importante discutir esse tema e não empurrar com barriga, pensando que "o futuro jamais chegará...". O futuro é agora, já estamos diante deste cenário que antes parecia apenas história.

Talvez, o próximo grande impacto que iremos presenciar será na área automobilística. A tecnologia dos carros autônomos avança a passos largos, não é apenas uma experiência de laboratório, é uma decisão e um caminho seguido seriamente pelas empresas.

Dentro de mais alguns anos muita coisa vai mudar significativamente. Carros autônomos exigirão novas regras, demandarão produção em massa de outros tipos de componentes para a indústria, exigirão a capacitação de novos profissionais, diminuirão drasticamente a necessidades de profissionais motoristas (caminhoneiros, taxistas, motoristas de ônibus, etc), diminuirão a necessidade de estacionamentos, concessionárias e oficinas terão sua demanda muito reduzida, as fabricantes que dominarão o mercado poderão ser outras, haverá influência nas cadeias de valores fragilizando barreiras entre indústrias. Isso só para citar alguns impactos e para percebermos o quanto as coisas estão intimamente ligadas.

Mas olhando o outro lado da moeda, muitas oportunidades também vão surgir: haverá a necessidade cada vez maior de formação de novos profissionais responsáveis por projetar e manter esses equipamentos, um novo tipo de indústria será necessário para fabricar esses novos modelos, os transportes públicos poderão ser mais eficientes, poderá haver uma redução no número de acidentes, prestação de serviços tendo esses carros autônomos como base deverão surgir (exigindo profissionais para trabalhar nestes negócios).

Será assim com a indústria e serviços automobilísticos e foi assim com outras áreas. Você se lembra do serviço de SMS? E dos disquetes? Dos cds? Dos filmes em fitas de vídeo cassete? Do serviço de despertador via telefone? Dos vendedores de enciclopédia Barsa? Tudo faz parte do processo de evolução.

Já que não há opção, a pergunta que devemos ter e mente é: O que pode ser feito para que sejamos aliados da tecnologia? Do ponto de vista das empresas, essas devem ser menos resistentes às mudanças, ampliando a sua capacidade de inovação e abrindo mão de antigos modelos (ainda que bem estabelecidos). A disrupção tecnológica deve entrar nas pautas de reunião.

A disrupção tecnológica desencadeará um rearranjo intenso no mundo dos negócios nos próximos anos, impactando as empresas de forma a repensar seus modelos de maneira rápida suficiente para acompanhar as transformações de mercado. Ser uma organização tradicional não deve ser encarado como distanciar-se das inovações. Segundo uma pesquisa da CISCO, 40% das empresas já estabelecidas correm o risco de desaparecerem até 2020, por falta de inovação.

Isso vai exigir profissionais que sejam capazes de reconhecer o risco das tecnologias disruptivas e que abordem o assunto suficientemente com uma postura proativa e não apenas reativa. Para efeitos de ilustração podemos dizer que um profissional reativo toma um grande susto quando percebe a água entrando por baixo da porta, já um profissional com postura proativa é capaz de, antecipadamente, fazer todo um sistema de vedação ao perceber que nuvens carregadas de chuva vêm se aproximando. E isso fará toda a diferença! A tecnologia, se incorporada corretamente, ajudará a elevar a produtividade e será um grande diferencial para as empresas.

Para os profissionais, em geral, sobretudo aqueles diretamente ligados à tecnologia, temas como inteligência artificial, internet das coisas, big data, mineração de dados, economia compartilhada e computação em nuvem deverão ser cada vez mais familiares. Neste sentido precisamos avançar na educação das nossas crianças, repensando o quê e como devemos ensinar, até mesmo porque se estima que 65% delas vão trabalhar em funções que ainda nem foram inventadas (segundo a consultoria McKinsey).

A boa notícia é que a tecnologia mais criou empregos do que destruiu, portanto, não precisamos ter medo, não se trata de um cenário apocalíptico, apenas de uma nova era em que homem e tecnologia serão cada vez mais aliados. E um desejo é que todo esse avanço possa também contribuir para reduzir a desigualdade social. Mais do que empregos, devemos também pensar nas pessoas, não é mesmo?

PROFISSÕES AMEAÇADAS PELA TECNOLOGIA E A NECESSIDADE DE NOS REINVENTARMOS

Segundo uma pesquisa publicada pela Universidade de Oxford os avanços tecnológicos põem em risco até 47% do emprego nos EUA. Uma das profissões que brevemente serão atingidas será a dos motoristas de caminhão. Hoje a Google, a Uber, a Tesla, dentre outras empresas, já têm protótipos de carros autônomos que podem dirigir por longas distâncias com muita segurança e eficiência.

Na prática, os carros autônomos representariam ganhos extraordinários com relação aos custos e tempo das viagens para transportes de cargas. Seguindo nesta linha podemos vislumbrar táxis automatizados, veículos de transporte público autônomos, aviões sem pilotos humanos.

CARREIRA SEM ATALHOS

Alertas sobre as ameaças que a tecnologia representa para milhares de empregos são frequentemente emitidos, não só para a indústria de transporte de cargas e pessoas, mas para a força de trabalho do mundo em geral. O avanço das máquinas, com softwares e robôs cada vez mais sofisticados, acabam gerando este receio.

No Brasil o Ibope também divulgou uma pesquisa indicando as profissões que mais rapidamente serão substituídas por máquinas. Cerca de mil internautas foram entrevistados e a maioria (52%) acredita que a sua profissão atual continuará existindo no futuro. Mas um dado curioso é que 49% dos entrevistados acreditam que a sua profissão poderá ser exercida por uma máquina inteligente. Na opinião das pessoas entrevistadas as seguintes profissões serão, em breve, substituídas por algum tipo de máquina inteligente:

- operários de fábrica (67%)
- guarda/segurança (49%)
- bancário (43%),
- piloto de avião (32%)
- analista de sistemas (31%)

Há uma grande mudança acontecendo no conjuntos de habilidades que os profissionais precisam desenvolver. Acredito que este é uma processo inevitável e necessário e que exigirá a requalificação da força de trabalho nas mais diversas profissões. Não se trata de algo inédito na história da humanidade. Basta lembrarmos da Revolução Industrial e suas consequências. Profissões serão extintas, outras sofrerão impactos em maior ou menor grau, mas muitas outras novas profissões e oportunidades surgirão concomitantemente.

Muitas vezes nem nos damos conta que esse processo é contínuo. Observe que temos hoje em nossas casas máquinas de lavar roupas e louças, cafeteiras eletrônicas, câmeras de segurança e alarmes, etc. Tudo isso está relacionado a atividades que há algum tempo eram desempenhadas exclusivamente por humanos.

Um terço dos robôs projetados para a próxima década deverá concentrar-se em quatro áreas: transportes, computadores, equipamentos eletrônicos e maquinários

Na verdade, a demanda está crescendo vertiginosamente para os trabalhadores altamente qualificados. Da mesma forma, o mercado de trabalho observa o declínio de oportunidades para profissionais com baixa escolaridade e pouca qualificação. Nos próximos anos, provavelmente, isso deve intensificar, principalmente com trabalhos que envolvam qualquer tipo de rotina ou ações repetitivas - físicas ou mentais - pois são todos passíveis de automação.

A lista de trabalhos em vias de extinção num futuro próximo inclui trabalhadores de fast food, caixas, operadores de telemarketing, garçons e até mesmo jornalistas (no que se refere à escrita de textos curtos). Por exemplo, desde 2011 um software desenvolvido pela empresa Narrative Science escreve notícias sobre esportes (relatos de partidas) em apenas 60 segundos, para isso analisa uma série de dados que lhe são transmitidos por computadores.

O alerta, portanto, é que não só as profissões mais "braçais" sofrerão algum tipo de impacto, mesmo as ditas mais intelectuais exigirão algum tipo de readequação dos profissionais.

A mesma tecnologia que é uma ameaça, também pode ser encarada como uma oportunidade. Assim, precisamos nos reinventar. Nos readequar para o que vem pela frente. E você? Está preparando sua carreira para o futuro? A tecnologia será sua inimiga ou sua aliada?

EMPREGOS: COMO AS MÁQUINAS PODEM IMPACTAR O FUTURO DO TRABALHO

Quando projetamos o futuro do emprego para daqui alguns anos sabemos que muita coisa está mudando. Muitas profissões novas, que sequer imaginamos, surgirão e outras tantas, por sua vez, tendem a ser extintas (ou quase isso).

Isso não é novidade, sempre foi assim na história da humanidade, entretanto, o ritmo e as novidades com que isso ocorre é, de fato, algo sem precedentes.

Fico imaginando que para as crianças de hoje o trabalho que elas assumirão no futuro deve ser bem diferente do que temos hoje. E digo isso por conta da inserção da tecnologia e das gerações de máquinas inteligentes que vêm com força total nos próximos anos.

Toda essa revolução se deu, sobretudo, por conta da área de Inteligência Artificial, especificamente por meio de um ramo chamado de Aprendizado de Máquina.

Inteligência Artificial é o ramo da Ciência da Computação preocupada com a automação de comportamento inteligente.

O Aprendizado de Máquina (machine learning) tem alcançado avanços no reconhecimento de discurso, texto e imagem. Ela se baseia em técnicas que permitem que um computador aprenda tarefas, organize informações e encontre padrões sozinho.

Essas áreas de conhecimento são responsáveis, portanto, por grande parte dessa revolução do trabalho, permitindo criar máquinas cada vez mais sofisticadas capazes de aprender sozinhas a partir de dados. Isso permite que tais máquinas possam realizar muitas tarefas da mesma forma, ou até mesmo melhor, que fazem os seres humanos.

Tudo o que antes parecia ficção, coisas de filme e trancafiado apenas no meio acadêmico, hoje invadiu a indústria e vem causando essa revolução. Não podemos achar que não seremos atingidos pela evolução tecnológica e, queiramos ou não, isso é uma realidade.

O que devemos debater sob essa perspectiva é o que as máquinas podem fazer no estágio atual e quais empregos serão automatizados e "ameaçados" por essa revolução.

Historicamente a Inteligência Artificial e suas aplicações começaram a ganhar corpo e gerarem impacto na indústria nos anos 90. Inicialmente sendo usada em tarefas mais simples como sistemas especialistas capazes de avaliar o risco de crédito de empréstimos concedidos às pessoas ou até mesmo no reconhecimento de pequenos trechos de textos manuscritos.

Mas hoje a máquina é capaz de fazer coisas incríveis, e olha que estamos apenas no começo dessa revolução. Quem acompanha de perto as pesquisas sabe que muitas coisas bem interessantes podem surgir num futuro bem próximo. Hoje as máquinas são capazes de realizar tarefas bem mais complexas.

Aproveitando o contexto do ENEM que, dentre outras coisas, exige que o estudante escreva uma redação, quem sabe daqui algum tempo essa redação seja corrigida por uma máquina. Ler a avaliar um texto é algo que já está na mira da tecnologia e que antes parecia um trabalho intelectual exclusivo das pessoas. Já existem algoritmos de Inteligência Artificial capazes de corrigir, com sucesso, redações escritas por estudantes do ensino médio e o mais incrível de tudo é que esses sistemas são capazes de atribuir notas que são equivalentes àquelas dadas por professores humanos.

Se a máquina tende a corrigir uma redação tão bem quanto um humano, convenhamos que, com o passar do tempo, não será possível competir com ela. Usando técnicas de Aprendizado de Máquina e bases de dados que permitam extração de conhecimento, as máquinas deverão nos superar nessa tarefa. E a competição será desigual: um professor, em um ano, corrige cerca de 250 redações, já a máquina poderá fazer isso quase que instantaneamente.

Para citar outro exemplo de tarefa que antes era apenas exclusiva dos humanos, podemos pensar na composição de textos jornalísticos (área chamada de robô-jornalismo). São estudos realizados com máquinas que podem, por exemplo, escrever textos, relatando fatos. Essas ferramentas são chamadas de robôs jornalistas.

Robô-jornalismo é o processo de escrever automaticamente notícias completas e complexas sem qualquer intervenção humana.

Um dos principais softwares desse tipo que tem sido usado por grandes agências de notícias, trata-se do programa chamado Wordsmith, criado pela empresa norte-americana Automated Insights. A Associated Press já usa o Wordsmith para escrever milhares de relatórios de esportes e de outras categorias de notícias. Obviamente, a qualidade de um texto produzido por um profissional humano, de um modo geral, é maior que a de um robô, pois muitas coisas não nuances não podem (ainda) ser captadas pelas máquinas.

Na área da medicina podemos citar o exemplo de sistemas que são capazes de diagnosticar, com precisão similar aos humanos, doenças oculares a partir da imagem da imagem dos olhos dos pacientes. Mais uma vez, ficará difícil competir com as máquinas. Enquanto os médicos conseguiriam fazer cerca de 45 mil diagnósticos durante sua vida a máquina pode processar esse total em poucos segundos (ou até em menos tempo).

Mas nem tudo são flores para o mundo da tecnologia. Estamos ainda num estágio bem inicial das pesquisas. Muitas coisas ainda virão pela frente. Hoje, o ser humano tem uma coisa que nenhuma máquina, por enquanto, é capaz de superar: a criatividade.

Criatividade é um elemento essencial no contexto do trabalho e neste aspecto as máquinas não conseguem competir conosco. E isso ainda deve levar um bom tempo para mudar (ou talvez nem mude) e, desta forma, podemos imaginar um conjunto de tarefas que poderão ser automatizadas e aquelas que não serão, planejando melhor as nossas carreiras.

Hoje podemos afirmar que tarefas simples, volumosas e repetitivas deverão ser automatizadas. Trabalhos que exigem criatividade e capacidade de lidar com situações novas ainda estão bem longe das máquinas.

Neste sentido, a perspectiva é que as pessoas que queiram garantir seu emprego para as próximas décadas deverão se dedicar a trabalhos complexos, que exigem criatividade e capacidade de inovar.

Aqueles que estiverem desempenhando funções que podem ser modeladas por algoritmos, correm um sério risco de perder o posto de trabalho. Lembre-se, um dia (e nem faz tanto tempo assim) já tivemos várias profissões que foram extintas e, naquela época, muitos duvidariam que um dia deixariam de existir.

Só para citar: operador de telefonia, acendedores de lampiões, cocheiros, entregadores de leite, arrumador de pinos de boliche, despertador humano, cortador de gelo, caçador de ratos. Portanto, investir na criatividade é um bom exercício para o presente e para o nosso futuro.

COMO A INTERNET DE TODAS AS COISAS IRÁ IMPACTAR O SEU EMPREGO

A Internet de Todas as Coisas (Internet of Everything - IOE) vai ter um enorme impacto sobre os negócios. Este fenômeno está reinventando completamente a forma como as empresas operam, trazendo produtividade e competitividade para níveis mais elevados, abrindo muitas portas para novas oportunidades.

As empresas estão aproveitando mais recentemente o poder da Internet de Todas as Coisas pois perceberam que ela vai impactar sua estratégia global de negócios, e não apenas sua tecnologia.

A Internet de Todas as Coisas (IOE) expande o já conhecido conceito de Internet das Coisas (IoT), sendo definida como uma conexão em rede, de pessoas, processos, dados e coisas. Cada vez mais pessoas e coisas se conectam o tempo todo. Em 2020 cerca de 50 bilhões de coisas e mais de 5 bilhões de pessoas estarão conectadas à internet, gerando mais dados e exigindo novos processos para ajudar a gerar e compartilhar novas informações.

Com estas novas mudanças observaremos não só um crescimento de conexões, é muito mais que isso, envolve tudo o que essas conexões tornam possíveis.

As possibilidades são enormes e incríveis quando as pessoas se conectam com o que antes estava desconectado, voltando-se para a Internet, aumentando os benefícios para todos.

Tratam-se de benefícios econômicos para empresas, melhores formas de educar e cuidar das pessoas, melhor qualidade de vida. A Internet de Todas as Coisas é possível graças à junção de diversas tecnologias (mobilidade, TI, computação em nuvem, Big Data, internet das coisas).

Quando se trata de Internet de Todas as Coisas é importante pensar de um modo novo, de uma forma transformacional, a fim de entender quais dispositivos estarão conectados e quais as oportunidades de negócios que irão criar. Uma mudança importante para o ambiente de trabalho é apenas um dos aspectos dessas novas oportunidades de negócios.

Segundo a Accenture cerca de 86% de 1.400 líderes empresariais entrevistados acham que a Internet de Todas as Coisas vai ser uma criadora de postos de trabalho. Ela possibilitará a criação de novos empregos, consequentemente, funções atuais vão ser redefinidas.

Certamente essas mudanças criarão uma grande revolução na forma como trabalhamos, mudando radicalmente o emprego em diferentes níveis dentro da empresa.

Obviamente que esta nova realidade será um novo desafio para as empresas que deverão procurar as melhores formas de implementar tudo isso corretamente, a fim de maximizar o potencial de negócios. Decisões devem ser tomadas tanto do lado da tecnologia quanto da empresa - novos equipamentos, novos treinamentos, financiamentos, capacitação de pessoal, etc.

A Internet de Todas as Coisas terá um impacto muito grande sobre o emprego em todos os níveis. Os empregados das empresas, de uma forma geral, deverão ser mais capazes de se adaptar às novas normas e expectativas da indústria. Sua relação com dispositivos conectados deverá ser cada vez mais frequente.

Eles deverão se acostumar a obter as informações que precisam, em tempo real, via dispositivos conectados e serem capazes de usar esse conhecimento em conjunto com suas habilidades em suas tarefas do dia-a-dia.

Profissionais de TI deverão estar preparados para lidar com as mais diversas formas de tecnologias e suas formas de integração. Para esses profissionais este novo cenário significa que os limites da rede e do sistema irão expandir, impactando outros níveis da rede. O aumento de dispositivos conectados irá elevar a pressão sobre a rede e criar a necessidade de uma maior largura de banda.

A Internet de Todas as Coisas vai mudar drasticamente a forma como as empresas fazem negócios para melhor.

Gerentes deverão ser capazes de criar oportunidades adicionais. Por exemplo, deverão ter uma compreensão profunda do que precisa ser alterado a partir de um ponto de vista operacional para o sucesso dos negócios no dia-a-dia. Os profissionais devem se preparar para entender como todos esses recursos devem ser usados, principalmente, para aumentar a experiência do cliente ou a eficiência da equipe de vendas. Na parte financeira a empresa deve se perguntar como o modelo de receita vai mudar com a realidade da Internet de Todas as Coisas.

Haverá também um impacto sobre o crescimento global do emprego. Vislumbra-se que a Internet de Todas as Coisas terá um impacto extremamente positivo na criação global de empregos e no crescimento de muitas indústrias, uma vez que vai obrigar as empresas a crescerem e expandirem sua capacidade para contratar profissionais que possuem as habilidades necessárias para implementar adequadamente a tecnologia.

A previsão é que o crescimento do emprego também irá aumentar o produto interno bruto das vinte maiores economias do mundo em 2030, em cerca de US$ 14 trilhões.

Profissionais que tenham formação e habilidades relacionadas a este novo cenário estarão em alta. Estamos diante de uma mudança nas empresas, tanto do ponto de vista da tecnologia quanto da exigência de profissionais qualificados. Não é apenas a criação de tecnologias mais robustas e inovadoras, também está se criando um campo totalmente novo de postos de trabalhos que nunca foram vistos antes.

A Internet de Todas as Coisas está abrindo portas para o desenvolvimento de empregos e crescimento em áreas de tecnologia em todos os setores e está exigindo profissionais antenados e conectados que utilizem todos esses recursos a seu favor, para que não sejam engolidos por eles.

COMO RECRUTADORES ROBÔS PODERÃO AFETAR SUAS PERSPECTIVAS DE EMPREGO

Da próxima vez que você concorrer a uma vaga de emprego, poderá ficar a cargo de um algoritmo (programa) de computador decidir se seu perfil é ou não é adequado.

Isso ocorre porque programas inteligentes (que usam recursos de Inteligência Artificial e aprendizagem automática) estão ficando "melhores" do que os recrutadores humanos para analisar e cruzar grandes quantidades de dados recolhidos a partir de formulários preenchidos por candidatos, currículos e perfis de redes sociais.

Devido à sua enorme capacidade de processar milhares de dados em pouco tempo, os softwares que atuam como recrutadores robôs são capazes de fazer muito mais do que verificar suas credenciais com relação aos requisitos de uma vaga, eles podem identificar traços de personalidade a partir da maneira como você se expressa, por exemplo, nas redes sociais.

Esses algoritmos tentam automatizar as práticas dos recrutadores feitas consciente ou inconscientemente, quando pré-selecionam candidatos considerando diversos fatores, além das qualificações profissionais. É como se a máquina pudesse ter algo bem natural a nós humanos: o "feeling".

Apesar de todos esses avanços, o intuito não é que a máquina venha a substituir, por completo, um recrutador humano. A ideia é que ela possa atuar de forma conjunta com uma pessoa, fazendo uma pré-seleção inicial de bons candidatos, deixando para um humano a decisão final.

Desse modo, uma empresa que recebe milhares de candidatos às suas vagas, poderia evitar que um recrutador humano ficasse sobrecarregado, fazendo algo que a máquina tem potencial para fazer. O objetivo de um robô não é dizer quem contratar, mas, por exemplo, indicar por meio de uma pequena lista quais pessoas devem ser entrevistadas.

Quanto mais dados os algoritmos de recrutamento puderem analisar, mais precisa as suas avaliações se tornarão. E eles podem aprender com os sucessos e fracassos anteriores. Portanto, se um candidato previamente selecionado faz um bom trabalho, por exemplo, o seu perfil pode ser disponibilizado novamente para o algoritmo, de modo que a máquina possa detectar pessoas com perfis semelhantes no futuro.

Segundo Sheerov Desai, presidente-executivo da empresa de recrutamento Gild (que usa técnicas de Inteligência Artificial), um recrutador analisaria por volta de 20.000 ou 30.000 currículos durante sua vida. Uma máquina que é alimentada por centenas de milhões de currículos tem todo o potencial para superar os humanos nesta atividade.

Antes do advento dos computadores e da ciência de dados (big data), os recrutadores gastavam muito tempo fazendo uma pesquisa manual sobre os candidatos, procurando detalhes sobre o trabalho que eles fizeram no passado, seus traços de personalidade, etc. Tudo isso, hoje, já pode ser automatizado e feito de forma eficiente.

E estes algoritmos muitas vezes podem detectar coisas que nós seres humanos não podemos. Por exemplo, um caso interessante foi citado pela empresa recrutadora Gild: um dos seus clientes queixou-se que a agência estava enviando engenheiros Java para concorrem a uma vaga destinada a um desenvolvedor Android. A máquina após analisar centenas de milhões de currículos, chegou a conclusão de que Java e Android eram tecnologias muito semelhantes. A máquina estava certa - um programador Java, ainda que não esteja familiarizado com o desenvolvimento para o Android, conseguiria aprender a lidar com ele muito rapidamente, por conta dessa semelhança entre as tecnologias.

Outra grande vantagem que computadores têm sobre os humanos é que eles são livres de preconceito racial e de gênero. Recrutadores humanos podem - mesmo inconscientemente - rejeitar candidatos por conta de etnia, sexo ou educação. Os algoritmos podem avaliar os candidatos de modo objetivo.

Foi justamente este tipo de problema que levou ao lançamento de um serviço chamado Blendoor , um "Tinder para o emprego" que esconde idade, raça, nome e sexo dos candidatos e considera somente habilidades profissionais para aproximar as empresas das pessoas.

Além da possibilidade de ajudar a encontrar os melhores candidatos, os algoritmos de computador podem ajudar a entender a motivação e o engajamento dos funcionários após a contratação.

Os funcionários mais engajados e felizes são os que, geralmente, apresentam o melhor desempenho. O grande problema é como medir essa "felicidade" e engajamento. A medição do engajamento não é como um check-up anual que pode ser feito e atestado por um médico. É algo contínuo que deve estar sendo monitorado o tempo todo.

Estão sendo desenvolvidos algoritmos (programas de computador) que possam minerar os dados referentes a funcionários para prever quais equipes podem estar com problemas e sugerir como os gerentes poderiam evitá-los. A questão é que a coleta desses dados podem envolver ações muito invasivas.

Em uma experiência recente no MIT, o Instituto de Tecnologia de Massachusetts, os funcionários de uma empresa usavam monitores para acompanhar os seus estados emocionais básicos. Os algoritmos, por meio da análise dos dados, identificaram que todos os funcionários experientes vivenciavam situações pontuais de raiva durante o seu dia.

Outras análises mostraram que isso ocorria sempre durante as reuniões com um gerente específico. A máquina indicou, portanto, quem era a causa do problema. Se por um lado seria bom saber a origem do problema, por outro lado, a coleta de dados exigiria um alto nível de invasão para monitorar os funcionários.

As vantagens do uso de computadores no processo de seleção de candidatos é bastante claro, entretanto, existe sempre o outro lado da moeda. Quais são os riscos de depender tão fortemente de computadores para fins de recrutamento?

Algoritmos treinados para detectar correlações e padrões, procurando candidatos que se encaixam de modo ideal numa vaga por conta de sua experiência anterior, podem rejeitar candidatos novos e "fora dos padrões", que poderiam ser excelentes profissionais.

Desta forma, esses algoritmos não devem ser demasiadamente rígidos, pois podem acabar escolhendo candidatos competentes, mas rejeitando grandes talentos, no meio de potenciais candidatos. Esses algoritmos devem caminhar numa direção que vise definir tarefas on-line relevantes para os candidatos, permitindo avaliar da melhor forma o talento. Basear as escolhas apenas em currículos pode ser um complicado, até mesmo porque nem sempre o currículo retrata de forma fiel uma pessoa.

A tecnologia de recrutamento precisa caminhar lado a lado com os recrutadores humanos, afinal selecionar candidatos é, em essência, uma atividade que exige muita sensibilidade.

Apesar de todo esse cuidado ao pensar num modo automático de recrutamento, todo o processo envolve muito dinheiro e a tendência do uso dessa tecnologia é clara e, cada vez mais, será uma realidade.

Para citar um exemplo, só nos EUA todos os meses são criadas mais de 5 milhões de vagas de emprego e cada uma delas atrai 250 candidatos em média (dados do Bureau of Labor Statistics). Automatizar este processo de seleção de candidatos representa economia de dinheiro.

Além disso, um percentual significativos de novos contratados saem do emprego depois de seis meses, o que representa mais custos para a empresa. Deste modo, as empresas vão cada vez mais procurar fazer de tudo para obter a pessoa certa desde primeira vez. E neste cenário, uma seleção automática com boas indicações torna-se bastante atrativa.

INTELIGÊNCIA ARTIFICIAL: OS RISCOS PARA OS EMPREGOS EXISTEM PARA AQUELES QUE NÃO SOUBEREM SE ADAPTAR

Apesar dos dados sobre o número previsto de empregos que serão destruídos pela Inteligência Artificial e pelos robôs, nós não precisamos nos desesperar e achar que a nossa carreira estará condenada pela tecnologia. Entretanto, diante deste cenário devemos estar preparados para essas mudanças que já estão ocorrendo e tendem a ficar cada vez mais constantes.

O que se observa é que as tarefas realizadas por muitos trabalhadores, ainda que não estejam sendo substituídas pelas máquinas estão mudando significativamente. Máquinas diversas de autoatendimento, aspiradores robôs, máquinas de lavar e muitas outras coisas já fazem parte do nosso dia a dia a um bom tempo e substituíram atividades que eram desempenhadas por pessoas.

A mudança é constante e muitas vezes nem notamos, nem damos conta de todo esse processo, mas é preciso estar atento para não ficarmos reféns dessa possibilidade de automação.

Tudo é uma questão de adaptação, pois a automação de uma tarefa, não implica necessariamente na automação de todas as atividades do trabalhador.

Por exemplo, pegando a realidade do Brasil, uma diarista ou empregada doméstica, certamente teve diversas das suas atividades impactadas pela automação ao longo dos anos. Máquinas de lavar roupas, lava-louças, aspiradores, etc. Entretanto, diversas outras tarefas ainda continuam sendo executadas sem um impacto direto das máquinas e isso, não implicou na extinção desta profissão. Agora trabalhadores com atividades bem especializadas podem realmente "desaparecer", perdendo espaço para a automação.

Vou abrir um parêntese aqui para citar um exemplo de algo que talvez já possa ter sido realidade de outras pessoas. Quando eu era criança, na década de 1980, lembro que havia uma senhora (chamada dona Rosa) que trabalhava como lavadeira. Ela pegava as roupas de uma casa, levava e trazia na semana seguinte, lavadas e passadas. E ela carregava uma "trouxa" de roupas na cabeça (era uma verdadeira equilibrista). Logo depois que adotamos as máquinas de lavar, não fazia mais sentido deixar as roupas à cargo de uma lavadeira.

O final esperado é que, infelizmente (reforçado até mesmo pelo baixo nível de instrução), dona Rosa foi aos poucos perdendo espaço para as máquinas e a aposentadoria (com um baixo valor) foi, com certeza, sua única opção.

Pensando nos dias de hoje, todo esse cenário de Inteligência Artificial, máquinas e automação, conforme sinaliza o estudo da OCDE, pode dificultar a entrada de muitos jovens no mercado de trabalho. Pois algumas tarefas mais simples, muitas vezes porta de entrada dos jovens nos empregos, têm maior risco de serem automatizadas do que aquelas que são exigem maior nível de experiência.

Daí a necessidade de estarmos atentos a esta situação, sobretudo, quando pensamos na estruturação das nossas carreiras. Assim, aproveito para fazer um link com outro estudo que é bastante preocupante. De acordo com o relatório The New Work Order, divulgado pela Foundation for Young Australians (FYA), mais de 50% estudantes da Austrália estão sendo formados em profissões que se tornarão obsoletas pelos avanços tecnológicos e automação.

A pesquisa mostra que 60% dos jovens entram no mercado de trabalho em profissões que serão "radicalmente afetados pela automação e Inteligência Artificial", e que pode ocorrer dentro dos próximos 10 a 15 anos. Apesar de dados locais da pesquisa, obviamente que isso é uma realidade mundial.

Algumas profissões souberam adotar computadores e outros equipamentos para realização de atividades sem, contudo, "matar" os profissionais que incorporaram as máquinas sem grande impacto. Apesar de todo avanço, a tecnologia ainda não é capaz de substituir profissões que demandam muita criatividade e raciocínio complexo.

Tudo isso foi levado em consideração pela OCDE para formulação dos números divulgados na sua pesquisa. Daí a sua previsão é de que 14% dos empregos estão sob alto risco de automação nos países mais ricos do mundo. Entretanto, existe um alto risco, maior que 70% de chance de tarefas específicas sejam eliminadas pela automação. Ou seja, ainda que um trabalhador não perca seu emprego, muitas de suas atividades do dia a dia podem ser automatizadas. E o grau em que isso ocorrer pode definir quem perde ou não o emprego.

O estudo ainda revelou que países anglo-saxônicos, nórdicos e a Holanda serão as regiões menos atingidas por esse processo de automação e perdas de empregos. O impacto da Inteligência Artificial ainda não seria significativo nos empregos que exigem altos níveis de educação e habilidade.

Entretanto, empregos que exigem baixa qualificação e com tarefas rotineiras, como por exemplo, serviços de limpeza e alguns trabalhos na agricultura tiveram um impacto significativamente maior do que outros processos anteriores de automação.

Diante deste cenário os profissionais devem se preparar para o futuro para que não sejam surpreendidos pela automação, como aconteceu com a dona Rosa.

Inclusive, como a tecnologia se desenvolve de modo exponencial, uma melhoria acelerada na capacidade dos sistemas de Inteligência Artificial, pode automatizar tarefas que hoje consideramos impossíveis. E mesmo sendo algo cruel, as empresas preferirão máquinas que sejam capazes de fazer o nosso trabalho de modo bem mais barato e mais rápido.

OS ROBÔS ESTÃO CHEGANDO E ELES TÊM UM MONTE DE POSTOS DE TRABALHO PARA NÓS

A questão da evolução e chegada dos robôs ao mercado de trabalho e sua relação com a destruição dos empregos é sempre um dos temas que gera muita polêmica e que, certamente, sempre gera bons debates. Eu, particularmente, tenho uma visão muito otimista sobre a quais caminhos a automação vai levar a nossa sociedade.

Não se discute o fato de que as máquinas (computadores, robôs) irão automatizar muitos postos de trabalhos que estão disponíveis atualmente com grande velocidade. Entretanto, apesar dessa chegada maciça das máquinas devemos ponderar alguns pontos.

A automatização traz junto com ela uma baixa de preços nos produtos de tecnologia, como isso mais pessoas podem consumi-los e, consequentemente, mais produtos devem ser produzidos (gerando mais empregos).

Historicamente quando alguns tipos de emprego desaparecem devido à uma nova tecnologia, novos tipos de postos de trabalho são criados (novas classes de profissões surgem).

Deste modo, sempre que alguém diz que os robôs estão vindo para destruir o nosso trabalho, precisamos refletir bem sobre essa questão.

Eugene Klerk (analista da Credit Suisse) e sua equipe publicaram uma nota recentemente sobre os tipos de empregos com maior probabilidade de serem "ameaçados" pelas novas tecnologias e robôs e estes estariam relacionados, principalmente, à vendas e serviços.

Estudos como estes normalmente geram manchetes alarmantes como "Quarta Revolução Industrial aniquilará milhões de empregos", "Nova revolução industrial vai destruir 5 milhões de empregos", "Robôs trabalhando: eles vão acabar com nossas profissões?". Foi inclusive algo discutido em Davos, no Fórum Econômico Mundial de 2016.

Mas vejamos o outro lado da moeda e encaremos tudo isso como uma oportunidade. Isso porque o avanço tecnológico é capaz de criar uma série de novos postos de trabalho, mais interessantes do que aqueles que estão sendo destruídos.

Chris Dixon, do Vale do Silício, divulgou alguns dados que mostram que parte dos empregos da indústria tipográfica foram "destruídos" pelos softwares de publicação.

O que podemos observar é que para quem gosta de trabalhar com esta área o mercado hoje é muito maior do que em 1984. Ou seja, a tecnologia criou uma abundância de empregos (claro que o trabalhador precisa se atualizar e aprender a lidar com o software para desfrutar deste novo cenário de oportunidades).

Outro exemplo ainda melhor é a da indústria de câmeras fotográficas.

Essa indústria que se baseava em filmes foi destruída pela indústria da câmera digital que, por sua vez, foi destruída pela indústria de smartphones. E sob o ponto de vista dos postos de trabalho, é óbvio que há mais pessoas empregadas hoje fazendo smartphones do que aquelas que estavam produzindo câmeras...

Mudar e aprender novas habilidades é necessário a todo trabalhador. A evolução tecnológica não vai parar (queiramos ou não): precisamos estar preparados. Os robôs estão chegando! E eles têm um monte de postos de trabalho para nós.

AS PRINCIPAIS HABILIDADES QUE VÃO GARANTIR O SEU EMPREGO NOS PRÓXIMOS 20 ANOS

A economia digital vem promovendo uma revolução com relação aos postos de trabalho. Por um lado novos empregos são criados e destinados aos chamados "trabalhadores de tecnologia", por outro lado, diversas pesquisas mostram que centenas de outras ocupações estão ameaçadas.

O que se observa é que desemprego e o subemprego em função da tecnologia são grandes riscos, nos próximos anos. A economia digital está criando riqueza e postos de trabalho apenas para poucos.

Neste contexto, existe uma preocupação central com a revolução tecnológica. A automatização de muitos trabalhos que anteriormente eram feitos por pessoas (trabalhadores em centros de distribuição, entregadores, motoristas de táxi, garçons, etc.) pode gerar "grandes chacinas de postos de trabalho".

Um estudo desenvolvido por pesquisadores de Oxford aponta que somente uma pequena parcela dos trabalhadores (menos que 0.5%), está se capacitando e conseguindo mudar para as "novas indústrias" (aquelas que não existiam antes do ano 2000 e que oferecem empregos à pessoas com habilidades que permitam lidar diretamente com novas tecnologias). As novas indústrias da década de 2000 surgiram neste contexto da revolução digital, incluindo leilões on-line, os editores de notícias de internet, serviços de redes sociais e a indústria de streaming de vídeo e áudio.

O grande problema é que, além da falta de capacitação de muitos trabalhadores frente a esta nova realidade, as empresas ligadas à revolução digital criaram poucas oportunidades de emprego.

Neste cenário, quais habilidades vão garantir o emprego no futuro? De acordo com um relatório da Universidade de Oxford, os trabalhos de maior risco de automação, em um futuro próximo, incluem pessoas que fazem atividades repetitivas como, por exemplo, funcionários responsáveis por elaboração de relatórios ou planilhas (que são substituídos facilmente por softwares). A habilidade de condução de veículos também já não vai mais garantir o emprego de motoristas de táxi e entregadores.

É previsto pela Boston Consulting que em 2025 até um quarto dos empregos será substituído por softwares inteligentes ou robôs, enquanto um estudo da Universidade de Oxford tem sugerido que 35% dos empregos existentes no Reino Unido correm o risco de automação nos próximos 20 anos.

O estudo feito leva em conta nove habilidades/variáveis ao avaliar quão facilmente um emprego pode ser automatizado, incluindo: percepção social, negociação, persuasão, assistência e cuidado com os outros, originalidade, belas artes, destreza com os dedos, destreza manual e a capacidade de trabalhar em um espaço de trabalho apertado e em posições não usuais.

E quais trabalhos se saíram melhor na pesquisa? Psicólogos, assistentes sociais e enfermeiras — qualquer coisa que requer empatia e comunicação — são profissões seguras, juntamente com papéis que requerem uma grande quantidade de solução de problemas e criatividade, como engenheiros, designers e artistas. Também estão bastante seguros trabalhos que requerem inteligência social e habilidades de negociação.

Claro, que muitos postos de trabalho continuarão existindo, mas também terão que evoluir. Por exemplo, a pesquisa aponta que o profissional de telemarketing (que trabalha com vendas diretas pelo telefone) é a profissão mais ameaçada com 99% de chance de ter o trabalho automatizado. Portanto, focar e desenvolver habilidades que estão longe dos domínios das máquinas é a melhor maneira de ficar longe dos riscos da automação.

www.ingramcontent.com/pod-product-compliance
Lightning Source LLC
Chambersburg PA
CBHW052324220526
45472CB00001B/263